鎌倉 神々の四季

鶴岡八幡宮例大祭（9月15日）

春

白梅(荏柄天神社)

潮神楽(五所神社／1月11日／材木座海岸にて)

草鹿(鎌倉宮／5月5日)

左義長(荏柄天神社／1月15日)

菖蒲祭（鶴岡八幡宮／5月5日）

夏

蓮（鶴岡八幡宮）

ぼんぼり祭り（鶴岡八幡宮／8月立秋の前日から9日まで）

八坂大神例祭（7月12日）

大町八雲神社例祭（7月）

五所神社例祭（6月第2日曜）

秋

鎌倉薪能(鎌倉宮/10月8、9日)

紅葉(鎌倉宮)

絵筆塚祭(荏柄天神社/10月)

面掛行列(坂ノ下御霊神社/9月18日)

流鏑馬神事（鶴岡八幡宮／9月16日）

冬

冬牡丹（鶴岡八幡宮）

御鎮座記念祭（鶴岡八幡宮／12月16日）

鎌倉の神社

小事典

かまくら春秋社

刊行にあたって

鎌倉には四季を通じ多くの参拝者が訪れます。各神社は恒例のお祭りで賑わい、社前にて願い事が叶うようにと真剣に手を合わせている姿を目にしますと、連綿と受け継がれてきた「祈りの心」は今も息づいていることを実感します。

古来、人間は人智を越えた存在に敬いの心を抱いてきました。その心は文化の母胎となり、さまざまな精神の所産を育みました。神の鎮まるお社《やしろ》——神社は、私たち日本人の大切な精神文化のひとつといえます。

本書は鎌倉のすべてのお社と、周辺に鎮まる鎌倉ゆかりのお社の御由緒、お祭り、御神宝などを一冊にまとめたものです。意外なことに、古都と称される鎌倉においても、お社の歴史文化を総合的に網羅する本が刊行されるのは初めてのことです。取材に御協力いただきました各社の宮司、総代の皆様には、あらためて篤く御礼申し上げます。

この一冊が皆さんにとり鎌倉の歴史文化を理解する一助となるとともに、「祈りの心」を見つめるきっかけとなれば幸いです。

平成十四年五月

鶴岡八幡宮宮司　吉田茂穂

鎌倉の神社 小事典

目次

鎌倉　神々の四季 —— 1
刊行にあたって　吉田茂穂 —— 11

中心部

◆地図 —— 18
鶴岡八幡宮 —— 20
白旗神社 —— 28
八雲神社（西御門） —— 30
蛭子神社 —— 32
八坂大神 —— 34
巽神社 —— 36
銭洗弁財天宇賀福神社 —— 38
佐助稲荷神社 —— 42
葛原岡神社 —— 44
荏柄天神社 —— 46
鎌倉宮 —— 50
熊野神社（浄明寺） —— 54
十二所神社 —— 56
八雲神社（大町） —— 58
五所神社 —— 62
甘縄神明宮 —— 64
御霊神社（坂ノ下） —— 66
熊野新宮 —— 70

北部

◆地図　74
八雲神社（山ノ内）　76
厳島神社　78
神明神社（台）　80
稲荷神社（台）　82
八幡神社　83
塩釜神社　84
水天宮　85
熊野神社（大船）　86
白山神社　88
稲荷神社（岩瀬）　90
神明神社（岡本）　92
御霊神社（梶原）　93
諏訪神社（植木）　94
天満宮　96
北野神社　98
駒形神社　100

西部

◆地図　104
八雲神社（常盤）　106
三嶋神社　108
子守神社　109
稲荷神社（手広）　111
熊野神社（手広）　112
鎌倉山神社　114
龍口明神社　116
小動神社　118

周辺

◆地図 122
江島神社（藤沢市） 124
亀岡八幡宮（逗子市） 128
森戸大明神（葉山町） 130
瀬戸神社（金沢八景） 134

民の社

第六天社（山ノ内） 140
愛宕社（雪ノ下） 141
志一稲荷（雪ノ下） 142
青梅聖天（雪ノ下） 143
宇津宮稲荷（小町） 144
諏訪神社（御成町） 145
秋葉大権現（材木座） 146
住吉神社（小坪） 147

◆おやしろ雑学帖
神社の起源31／氏神・氏子72
お札・お守り102／参拝の作法110
建物120／神棚138／鎌倉神楽148

◆神社建築 149
◆資料編／用語解説 152

カバー版画・後藤俊太郎
撮影・宮川潤一、高嶋和之、編集部
写真協力・鎌倉国宝館、鶴岡文庫

社名索引

あ

秋葉大権現　146

愛宕社　141

甘縄神明宮　64

厳島神社　78

稲荷神社(岩瀬)　90

稲荷神社(台)　82

稲荷神社(手広)　111

宇津宮稲荷　144

荏柄天神社　46

江島神社　124

青梅聖天　143

か

鎌倉宮　50

鎌倉山神社　114

亀岡八幡宮　128

北野神社　98

葛原岡神社　44

熊野新宮　70

熊野神社(大船)　86

熊野神社(浄明寺)　54

熊野神社(手広)　112

五所神社　62

駒形神社　100

子守神社　109

小動神社　118

御霊神社(坂ノ下)　66

御霊神社(梶原)　93

さ

佐助稲荷神社　42

志一稲荷　142

塩釜神社　84

十二所神社　56

白旗神社　28

神明神社(岡本)　92

神明神社(台)　80

水天宮　85

住吉神社　147

諏訪神社(植木)　94

諏訪神社(御成町)　145

瀬戸神社　134

銭洗弁財天
宇賀福神社　38

た

第六天社　140

巽神社　36

鶴岡八幡宮　20

天満宮　96

は

白山神社　88

八幡神社　83

蛭子神社　32

ま

三嶋神社　108

森戸大明神　130

や

八雲神社(大町)　58

八雲神社(常盤)　106

八雲神社(西御門)　30

八雲神社(山ノ内)　76

八坂大神　34

ら

龍口明神社　116

この本について

※神社の掲載は、鎌倉市内を大きく三つに分け、それぞれ地区別にまとめました。誌面の都合上、一部、掲載順が前後しています。

※各地域の冒頭に、おおよその、その神社の場所を図示しました。詳細は、それぞれ地図でご確認ください。

※本文中、原則的に、それぞれの神社の祭神／例祭／境内社／神事芸能／宝物／小百科／神徳を記載していますが、不明、または神社の意向により掲載していないものもあります。

※本文中、たとえば宗教上の用語などの使用について、神社により、一部、他と異なる表記がありますが、それぞれの神社の意向に沿った表現としました。

※文化財の表記については、基本的に「国宝」、国指定重要文化財＝「重文」、県指定文化財＝「県文」、市指定文化財＝「市文」としました。

※巻末に、「資料編」として、この本をよりよく理解していただくうえで必要と思われる用語や人物などの説明を付しました。ご参照ください。「祭神一覧」は、本書に掲載された神社の御祭神をまとめたものです。

中心部

中心部
二階堂
鶴岡文庫
八雲神社
(P30)
雪ノ下
西御門
瑞泉寺
荏柄天神社
(P46)
鎌倉宮
(P50)
鶴岡八幡宮
(P20)
白旗神社
(P28)
鎌倉国宝館
県立近代美術館
三の鳥居
熊野神社
(P54)
十二所神社
(P56)
杉本寺
浄妙寺
小町大路
宝戒寺
浄明寺
光触寺
宇津宮稲荷
(P144)
報国寺
明王院
十二所
蛭子神社
(P32)
妙本寺
八雲神社
(P58)
安養院
大町
横須賀線
長勝寺
五所神社
(P62)
久木
秋葉大権現
(P146)
逗子市
小坪

寺分
梶原
葛原岡神社
(P44)
海蔵寺
建長寺
長寿寺
第六天社
(P140)
青梅聖天
(P143)
銭洗弁財天
宇賀福神社
(P38)
志一稲荷
(P142)
佐助稲荷神社
(P42)
佐助
英勝寺
愛宕社
(P141)
壽福寺
八坂大神
(P34)
扇ガ谷
小町通り
八雲神社
(P106)
円久寺
巽神社
(P36)
常盤
諏訪神社
(P145)
二の鳥居
子守神社
(P109)
鎌倉市役所
鎌倉
大仏切通
高徳院
小町
笹目町
甘縄神明宮
(P64)
若宮大路
和田塚
長谷
極楽寺
一の鳥居
由比若宮
(元八幡)
(P20)
江ノ電
長谷寺
由比ヶ浜
熊野新宮
(P70)
御霊神社
(P66)
由比ガ浜
極楽寺
長谷
材木座
極楽寺
坂ノ下
国道134号
稲村ガ崎
光明寺
稲村ガ崎
住吉神社
(P147)

舞殿（手前）と楼門

鶴岡八幡宮《つるがおかはちまんぐう》

鶴岡八幡宮は、鎌倉駅の北、約六〇〇メートルほどの市の中心部、鎌倉市雪ノ下に鎮座する。宇佐神宮（大分県宇佐市）、石清水八幡宮（京都府八幡市）などとともに、日本を代表する八幡宮のひとつである。社前から南（由比ガ浜海岸）へまっすぐに伸びる若宮大路は、中央に段葛と呼ばれる一段高くした道があり、これは鶴岡八幡宮を現在地に造営した源頼朝の命によって御台所・政子の安産祈願のため、養和二年（一一八二）につくられた参道である。

鶴岡八幡宮の歴史は、前九年の役で奥州を鎮定した源頼義が、康

伝源頼朝坐像（複製。原品は東京国立博物館蔵〈重文〉）

楼門の扁額

由比若宮

段葛

平六年（一〇六三）、源氏の守り神として石清水八幡宮を由比郷鶴岡に勧請、由比若宮とも鶴岡若宮とも呼ばれたことに始まる（現在、材木座にある由比若宮＝元八幡のこと）。永保元年（一〇八一）には源義家が修復、そして、治承四年（一一八〇）、鎌倉入りを果たした頼朝は、新たな社殿を造営して小林郷北山（現在地）へ遷座し、鶴岡若宮と称した。

その後、例祭（放生会）が行われるなど祭祀や職掌は徐々に整えられたが、建久二年（一一九一）三月、大火により鶴岡八幡宮は焼け落ちた。頼朝は早速、再建にとりかかり、大臣山の中腹に社殿をつくり、この年の十一月にはふたたび石清水八幡宮から分霊を迎えた。『吾妻鏡』の記述に「鶴岡八

若宮

丸山稲荷社

武内社

白旗神社

祖霊社

若宮大路に立つ一の鳥居（重文）

幡宮ならびに若宮および末社等の遷宮なり」とあるように、本宮（上宮）とともに若宮（下宮）もこのとき再建され、鶴岡八幡宮は現在のような上下両宮の姿となった。舞殿が新造されたのは建久四年（一一九三）のことである。

源氏の守り神として鎌倉幕府から尊崇された鶴岡八幡宮は、その後、御家人らが各地に派遣されるに及んで、広く武門の神として分霊され全国に浸透、足利氏、豊臣氏や徳川氏からも篤く崇敬された。現在の本宮は文政十一年（一八二八）、江戸幕府十一代将軍徳川家斉に、若宮は寛永元年（一六二四）、二代将軍徳川秀忠により修復造営された（重文）。

今宮

旗上社

流鏑馬神事

祭神 応神天皇《おうじんてんのう》、比売神《ひめがみ》、神功皇后《じんぐうこうごう》

例祭 九月十四～十六日

境内社

摂社・若宮（祭神は仁徳天皇《にんとくてんのう》、履仲《りちゅう》天皇《てんのう》、仲媛命《なかのひめのみこと》、磐之媛命《いわのひめのみこと》。例祭四月三日。社殿は本宮同様流権現造）。

末社・武内社《たけうちしゃ》（祭神は武内宿禰《たけうちのすくね》。例祭四月二十一日。創建ははっきりしないが、『鶴岡社務記録』の嘉禄二年〈一二二六〉の項にその名を確認できる。宿禰は五代の天皇に仕え、長命であったことから延命長寿を祈る人が多い）、丸山稲荷社（祭神は倉稲魂神《うかのみたまのかみ》。例祭四月九日。本宮の西側にある。十一月八日には火焚祭が行われ鎌倉神楽が奉奏される。社殿は重文）、白旗神社（祭神は源頼朝と源実朝。北条政子、源頼家が造立したとも伝える。例祭五月二十八日。八月九日には実朝祭、十月二十八日には文墨祭が執行される。若宮の東にある）、祖霊社（例祭春分の日、秋分の日。氏子崇敬者の祖霊と英霊を祀る）、旗上社（祭神は多紀理《たぎり》毘売命《ひめのみこと》、市寸嶋比売命《いちきしまひめのみこと》、多岐都比売命《たぎつひめのみこと》。

例大祭

御鎮座記念祭

すす払い（十二月十三日）

例祭四月初巳の日。源氏池、中の島に建つ。頼朝の旗上げに家運長久の守護神として弁財天が現われ霊験があったと伝える）。

境外末社・今宮（祭神は後鳥羽天皇《ごとばてんのう》、土御門天皇《つちみかどてんのう》、順徳天皇《じゅんとくてんのう》。例祭六月七日。宝治元年〈一二四七〉、承久の変で配流された三天皇の御霊を慰めるために祀られた。雪ノ下に鎮座）、由比若宮（祭神は本宮と同じ。例祭四月二日。源頼義以来の社地で鶴岡の名もここから起こった。源頼朝が鎌倉入りし現在の地へ遷座した。元八幡とも呼ばれる。材木座に鎮座）。

陵王面（重文）

籬菊螺鈿蒔絵硯箱（国宝。撮影・堤勝雄）

神事芸能 例大祭／神幸祭（九月十五日）が行われる。二ノ鳥居での御旅所祭では、三基の神輿が鎮まる前で八人の少女が天冠、白衣、緋袴姿で「八乙女の舞」を奉奏する。例祭は、文治三年（一一八七）、源頼朝が石清水八幡宮の神事にならって始めた放生会に由来する。

狩装束の射手が馬を走らせながら鏑矢で三つの的を射る流鏑馬神事（十六日）は、平安時代後期～鎌倉時代に、笠懸、犬追物とともに「騎射三物」のひとつとして武芸鍛錬のため隆盛したものである。現在の神事は、鎌倉時代の故実を継承する弓馬術礼法小笠原教場の三人の騎手が狩装束に身を固め、一の的、二の的、三の的と疾走する馬上から瞬時に的を射抜いていく。

ぼんぼり祭り／立秋の前日に夏越祭、立秋の日に立秋祭、八月九日に実朝祭と続く祭事のこと。市内在住の文化人を中心に書画が奉納され、ぼんぼりに仕立てて境内に掲揚され夏の風物詩ともなっている。

御神楽《みかぐら》／御鎮座記念祭（十二月十六日）の夜行われる神楽のこと。和琴、神楽笛、篳篥《ひちりき》、笏拍子に合わせ巫女らが「宮人の曲」を、神職が「人長」となり舞を仕える。建久二年（一一九一）十一月、石清水八幡宮からの分霊を改めて鎌倉に迎えた折、源頼朝は宮廷の伶人（楽人）、多好方《おおのよしかた》の「宮人曲」にいたく感激、春秋二季の御神楽を催すため大江久家らを京に派遣して伝授させた。建久四年十一月の御神楽の様子は『吾妻鏡』にも記されている。

御判《ごはん》行事／新年元日から七日まで、特別に設けられた行事所で催される。通常は秘されている神印を参拝者の額に押し当てて、祈願成就を祈る神事。その昔にはこの印を受けて武士は戦場に臨んだといわれる。現代では、無病息災はもちろんのこと、入試突破を願う受験生の姿も少なくない。

宝物 籬菊螺鈿蒔絵硯箱《まがきにきくらでんまきえすずりばこ》、古神宝類「女衣五領」、「朱塗弓」、「黒塗矢」、「沃懸地杏葉螺鈿平胡籙《いかけぢぎょうようらでんひらやなぐい》」、「沃懸地杏葉螺鈿太刀」、太刀（銘正恒）＝以上、

静の舞

弁財天坐像（重文）

二〇一〇年に倒伏した大銀杏の移植された親木から生える新芽

沃懸地杏葉螺鈿平胡籙
（国宝。撮影・堤勝雄）

国宝。他、重文等多数。

小百科 本宮へ上る大石段の手前にある舞殿（下拝殿）。鎌倉まつり（四月）の際、ここでは、兄頼朝に追われる源義経を恋い慕いながら静御前が「しずやしず」の歌を舞い、人びとを感動させたと伝えられる静の舞が奉納される。また、大石段脇の「隠れイチョウ」は、三代将軍、源実朝を危めた八幡宮別当、公暁が隠れたとされるが、二〇一〇年、強風によって倒伏した。現在は残った根と、移植された親木が再生に向けて芽吹き始めている。

倒れる前の「隠れイチョウ」

住所●鎌倉市雪ノ下2-1-31
電話●0467（22）0315
交通●鎌倉駅東口より徒歩10分

社殿

白旗神社《しらはたじんじゃ》

一帯が別名「法華堂跡」と呼ばれるのは、かつてこの地に源頼朝を祀る法華堂があったことに由来する。『吾妻鏡』によれば、法華堂は文治五年（一一八九）の創建とされる。頼朝生前の持仏堂であったことから鎌倉幕府の保護も厚く、鶴岡八幡宮、勝長寿院と並ぶ三大寺として崇敬を集めた。江戸時代には鶴岡八幡宮の供僧相承院が兼務した。

明治初年の神仏分離で堂は廃され、明治五年（一八七二）、白旗神社となった。現在は雪ノ下区の氏神社であり、境内は国指定史跡になっている。

祭神 源頼朝《みなもとのよりとも》

例祭 一月十三日

宝物 源頼朝公古牌。室町期の作とされる。元は雪ノ下の日金山松源寺（廃寺）にあったが、昭和の再建の折に奉納された。

小百科 北条氏が三浦氏を滅亡させた宝治合戦では、三浦一族（一説には五〇〇余人ともいわれる）が法華堂に籠り、頼朝の神霊の前で自害したといわれる。神社奥の山上には鎌倉石の多層塔である頼朝の墓がある。

神徳 勝運成功、心願成就 等

頼朝の墓

住所●鎌倉市西御門2-1-24
交通●鎌倉駅東口より徒歩15分

本殿

扁額

ミニ百科

神紋
～家紋と同じ、神社の紋どころ

神紋（あるいは社紋）とは、神社の紋章のこと。その発祥がいつ頃かは定かでないが、遅くとも平安末期頃とされ、鎌倉期には多くの神社で用いられるようになったとされる。

神紋の起源は主に御祭神の伝承や鎮座地、社名などによって定まったものが多い。動植物や文字などを題材とし、その種類もきわめて豊富な家紋と同様、神紋もまた様々な図柄の紋様を誇る。代表的なのは巴・輪鋒・卍の三つ。巴紋の中でもとりわけ有名なのが、八幡宮の紋様として知られる三つ巴だが、数の上では稲荷神社の稲紋が上回っている。

八雲神社（西御門）

やぐもじんじゃ

西御門の鎮守。縁起は詳らかでなく、『相模風土記』にある「字大門の天王社」がこの社の前身といわれる。神殿は天保三年（一八三二）五月の建立と「大正七年明細書」にある。

鳥居

祭神　須佐男命《すさのおのみこと》
例祭　七月六日
境内社　稲荷神社

住所●鎌倉市西御門1-13-1
交通●鎌倉駅東口より徒歩15分

社殿

稲荷神社

庚申塔（市文）

＊おやしろ雑学帖①＊

神社の起源

―御座所？ 家？ 宝物庫？―

神社の起源については、いくつかの説がある。たとえば、『日本書紀』「神代巻天孫降臨」の段にも登場する「神籬《ひもろぎ》」「磐境《いわさか》」だ。

神籬を設けた祭場（材木座海岸海開き）

神籬は、シンボライズされた形でいまも日常の暮らしのなかで目にすることができる。工事現場などで地鎮祭が行われる際に設けられる、榊などでつくられた神座がそれだ。神籬は、「神を宿した樹木」、または、「神を招いて祀った樹木」を意味する。磐境は、岩や石を立てて並べたり、円形や四角に敷いて並べてつくった神の御座所のことだ。

また、神社を意味する「社」や「宮」という言葉にもそのルーツをうかがうことができる。社は「屋代」の意で、「神を祭るところ（神庭《かむにわ》）」をさしている。宮は「御屋」のことで、人間同様、神にも住まいが必要であるとの考えからつくられた神を祀る場。皇室に関連の深い神がみの住居（宮殿）がまず設けられた。

このほかにも「秀倉《ほくら》」説などがある。秀倉は、神庫、神府とも書く。神宝を奉納する倉庫のことで、それを祭祀の場につくったことが神社のルーツになったという。

社殿

蛭子神社

ひるこじんじゃ

小町の鎮守。その昔、現在の夷《えびす》堂《どう》橋付近に夷三郎社という神社があった。社は永享年間(一四二九〜一四四一)の本覚寺創建の際に境内に移され夷堂となり、里人の信仰を集めていた。それが明治の神仏分離で現在地に移り、もともと同地に祀られていた七面大明神、宝戒寺境内の山王大権現とともに合祀されて蛭子神社となった。明治六年(一八七三)小町区の鎮守として「村社」に列格された。

本殿は明治七年(一八七四)、鶴岡八幡宮末社今宮の社殿を譲り受け移築したもの。関東大震災で大破し、昭和九年(一九三四)に改築されたが、本殿内部は今宮の社殿をそのまま内蔵した。

手水舎

参道入口

祭神 大己貴命《おおなむちのみこと》

例祭 八月十五日に近い日曜

神事芸能 神輿渡御（例祭）

宝物 神輿

小百科 夷堂は昭和五十六年（一九八一）、本覚寺で再建された。

神徳 招福、家内安全、商売繁昌

境内の石柱

住所●鎌倉市小町2-23-3
交通●鎌倉駅東口より徒歩5分

ミニ百科

〈社のルーツ〉
蛭子神社
～異郷より漂着した客神

蛭子神とは異郷より漂着、来臨する客神《まれびとがみ》。エビスとも読み、夷、戎、恵比寿とも表記され、その起源は山幸彦で知られる彦火火出見尊《ひこほほでみのみこと》とも大国主命の長子・事代主命ともいわれるが、信仰の中心地である兵庫県西宮神社では夷三郎大明神（蛭子命《ひるこのみこと》）を祭神としている。神話によれば伊弉諾《いざなぎ》、伊弉冉《いざなみ》二尊の子・蛭子命は三歳になっても足が立たなかったため海へと流されたが、摂津国西の浦に漂着。かの地で育てられ夷三郎大明神となった。

鮫や鯨、イルカや水死体をエビスと呼ぶ地方もあることから、初めは漁業の神だったとみえるが、その後商業の守護神、農民の神となった。室町以降、七福神に加えられてからはエビス大黒とも呼ばれ、鯛を小脇に抱えた福神として定着した。

社殿

八坂大神《やさかだいじん》

扇ガ谷の鎮守。別名「相馬天王」ともいわれる。その由来は、建久三年（一一九二）、源頼朝の家臣で千葉常胤の子、相馬次郎師常が自邸（巽神社付近）の守護神として勧請したことによる。

師常は文治五年（一一八九）、頼朝の奥州征伐で武勲をあげるなどした鎌倉時代初期の武将。信心も篤く、常心と号する念仏行者でもあった。『吾妻鏡』は、元久二年（一二〇五）、師常が端坐合掌して往生を遂げ、その姿に感銘を受けた多くの人びとが亡骸のもとに参じたと伝えている。

社は後に浄光明寺裏山の網引地

蔵付近の窟屋、寿福寺本堂脇を経て、現在地に移った。明治二年（一八六九）、神仏分離に際し八坂大神と改称した。

祭神 素盞嗚尊《すさのおのみこと》、桓武天皇《かんむてんのう》、葛原《くずはら》親王《しんのう》、高望王《たかもちおう》

例祭 七月十二日

境内社 子神社《ねのじんじゃ》

小百科 独特の六角形の神輿は、京都八坂神社の神輿を範としたもの。昔は鉄製だったが、激しい神輿担ぎで怪我をする担ぎ手が絶えなかったことから、木製に改められた。

神徳 疫病除、農業、商業

住所●鎌倉市扇ガ谷1-13-45
交通●鎌倉駅西口より徒歩10分

鳥居

子神社

鳥居と社殿

巽神社

たつみじんじゃ

由緒は古く、延暦二十年（八〇一）、蝦夷征伐に向かう途中の坂上田村麻呂が葛原ヶ岡に勧請したのが起こりといわれる。永承四年（一〇四九）に源頼義が社殿を改修したという伝えもある。壽福寺の鎮守として崇められ、寺の巽（南東）の方角にあることから、この名が付いたという。

境内には江戸時代の銘が刻まれた手洗石や石燈篭などがある。

燈篭

諏訪社

社殿

祭神 火産霊神《ほむすびのかみ》 奥津日子神《おきつひこのかみ》、奥津日女神《おきつひめのかみ》、

例祭 十一月二十八日

境内社 諏訪社

小百科 社の北西にある観音山の頂には「望夫石」と呼ばれた大岩があった。その名は、畠山重保が北条氏の策謀により由比ガ浜で討たれた際、重保の妻がこの岩から由比ガ浜を望み、悲嘆にくれて死に、石になったという伝説にちなむ。

神徳 火難除

住所●鎌倉市扇ガ谷1-9-7
交通●鎌倉駅西口より徒歩10分

ミニ百科

神職
～神社に奉仕し仕える人びと

「神職」とはすなわち、神社に奉仕し、祭祀全般に携わる者を指す。一般に神主や神官と呼ばれるのは、みな神職である。職名は神社によって異なるが、宮司《ぐうじ》・禰宜《ねぎ》・権禰宜《ごんねぎ》が一般的である。

宮司とは祭祀を司る者で、初め伊勢神宮に置かれたが、その後全国の神社の長官はすべて宮司と呼ばれるようになった。神職の代名詞ともいえる神主だが、かつては勅許を必要としたため、どの神社でも見られるというものではなかった。神に「祈《ね》ぐ」ところから命名された禰宜も勅許の称号で、権禰宜はその補佐役である。

戦前は男性しか許されなかった神職も、現在は女性でも資格さえあれば就くことができる。

奥宮でお金を洗う参詣者

銭洗弁財天宇賀福神社《ぜにあらいべんざいてんうがふくじんじゃ》

佐助ヶ谷の内懐にある銭洗弁天は、正式には「銭洗弁財天宇賀福神社」という。

ここの銭洗井水でお金を洗って使うと何倍にもなって戻ってくると信じられ、たくさんの人びとが参拝に訪れているが、信仰的には、人間の清浄感が基にある。

銭洗弁天が祀る宇賀福神とは、そもそも、人間に福徳をもたらすと伝えられる神がみを総称したもので、食物神、農業神ともされる。その教えは、「明浄」「正直」を基

奥宮入口

本宮

境内

本に据えた生き方にある。つまり、財宝を洗うことにより、わが身、わが心の不浄を洗い清め、それによって初めて福徳利益がもたらされるというのだ。

　銭洗弁天の歴史は、文治元年（一一八五）の巳の月の巳の日、源頼朝の夢枕に宇賀福神が立ったことに始まるとされる。長く続いた戦乱が終わったとはいえ苦しい生活を強いられていた民の加護を、日夜、祈っていた頼朝に、宇賀福神は「西北の仙境に湧きだしている霊水で神仏を祀れば、人びとは自然に信仰心を持ち、国内も平穏に治まるはず――」と告げたという。頼朝はお告げの通りに泉を発見、岩窟を掘らせて宇賀福神を祀り、その水で神仏の供養をつづけているうち、国は平穏を取り

上之水神宮

七福神社

戻し、民の暮らしも豊かになったとされる。

　十三世紀の半ば、やはり宇賀福神を信仰した執権北条時頼の時代となって、幸福や知恵、財力などの神とされる弁財天を信仰する者が率先して金銭を洗い、一族の繁栄、子孫長久を祈るようになったという。その後、今にいたるまで、銭洗井に詣でる人びとは絶えることがない。

祭神 本宮／市杵島姫命《いちきしまひめのみこと》、奥宮／弁財天《べんざいてん》

例祭 中祭（四月初巳日）、大祭（九月白露巳日）

境内社 七福神社（七福神を祀る。神徳は福徳、円満、商売繁昌）、水神宮（上之水神宮、下之水神宮。祭神は、水を司る水波売神《みずはのめのかみ》）

神事芸能 鎌倉神楽（大祭、中祭）

小百科 おいしい湧水の銭洗井水は、

下之水神宮

境内には鳥居が並ぶ

境内入口

鎌倉の「五名水」のひとつ。銭洗井のほかは以下のもの。

「梶原太刀洗水」（朝比奈切通しの坂の手前。寿永二年〈一一八〇〉、頼朝の命で上総介平広常を討った梶原景時はこの水で太刀を清めたという）。

「日蓮乞水」（名越。建長五年〈一二五三〉、安房国から鎌倉入りし、清水を求めた日蓮が杖を突きさしたところ湧き出たと伝えられる）。

「金龍水」（山ノ内にあった）。

「不老水」（山ノ内。仙人が飲み、不老を保ったという）。

または「甘露水」（山ノ内。戦前には飲料水にもされていた）。

神徳 家内安全、商売繁昌

住所●鎌倉市佐助2-25-16
電話●0467（25）1081
交通●鎌倉駅西口より徒歩25分

鳥居の並ぶ参道

佐助稲荷神社

さすけいなりじんじゃ

古代より佐助川の水源に農業神として祀られてきた。

縁起には次のような伝説がある。伊豆蛭ガ小島に配流中の源頼朝が病に伏したとき、翁の姿を借りた「かくれ里の稲荷」と名のる神霊が夢に現れ、挙兵を勧めた。頼朝は託宣に従い旗挙げし、戦功をおさめた。後に頼朝は「かくれ里」と呼ばれるこの地で祠を見つけ、畠山重忠に命じて社を建立させた―というものである。佐殿《すけどの》と呼ばれていた頼朝を助けたことから、「佐助」の名が付いたといわれる。

もとは鶴岡八幡宮の飛地境内社

だったが、明治四十二年（一九〇九）に独立した。

祭神 宇迦御魂命《うかのみたまのみこと》、大己貴命《おおなむちのみこと》、佐田彦命《さるたひこのみこと》、大宮女命《おおみやひめのみこと》、事代主命《ことしろぬしのみこと》

例祭 二月初午日

宝物 豊受姫命《とようけひめのみこと》像

小百科 社の建つ「佐助ガ谷」は以前は「佐介ガ谷」といった。この地に千葉介、三浦介、上総介の三介の屋敷があり、「三介ガ谷」と呼ばれたのが転訛したものともいわれる。

本殿

神徳 商業繁栄、病気平癒、学業成就、縁結び（参道登り口に縁結び十一面観音を祀る）

拝殿での神楽奉納

住所●鎌倉市佐助2-22-12
交通●鎌倉駅西口より徒歩15分

ミニ百科

〈社のルーツ〉
稲荷神社
～狐は神から遣わされた使者

古来より日本では山や森、樹木などに神が宿るとされ、御神木を祀るなどの自然信仰が盛んであった。これらの信仰では動物も神々の神意を伝える使者として考えられ、そうしたなかから稲荷信仰は生まれた。

稲荷神社の祭神は宇迦之御魂神《うかのみたまのかみ》（倉稲魂神）で宇迦《うけ》は食の意。すべての食料を司り、稲の成育を守る神として古くから崇拝されたが、のちに衣食住、とくに商売繁昌の神とされてからその信仰は都市部にも広がり、各地に稲荷神社が祀られることになった。その最盛期は江戸時代ともいわれる。狐と稲荷神社のつながりには諸説あるが、宇迦之御魂神の別名である御饌津神《みけつかみ》にキツネの古語であるケツネをあて、三狐神《みけつかみ》と記したのを始まりとする説が有力。

社殿

葛原岡神社

くずはらおかじんじゃ

由比ガ浜の鎮守。明治二十年（一八八七）、日野《ひの》俊基《としもと》を祭神に創建された。日野俊基は後醍醐天皇に仕えた朝臣。討幕計画に参加し一度は赦されたが（正中の変）、元弘二年（一三三二）に再び計画が発覚し葛原ヶ岡で斬首された。境内には俊基の墓とされる宝篋印塔があり、国史跡に指定されている。

俊基が処刑される直前、家来の後藤助光が対面し、妻からの手紙を渡した話が『太平記』にある。俊基は「秋をまたで葛原岡に消ゆる身の露のうらみや世に残るらん」と詠んで死に果てたという。

祭神　日野俊基（文章博士）
例祭　六月三日
境内社　えびす大黒天社
神事芸能　お渡り神事（例祭）
宝物　大黒天神像、えびす神像、神輿

日野俊基の墓

小百科　隣接する源氏山公園は昭和四十年（一九六五）に造られた。源氏山は、寛治四年（一〇八七）の後三年の役で源義家が戦勝を祈願して白旗を立てたという伝説からその名がついたといわれる。広場には高さ二メートルほどの源頼朝像が建つ。

神徳　学業成就、除災招福、交通安全　等

住所●鎌倉市梶原5-9-1
電話●0467（45）9002
交通●鎌倉駅西口より徒歩30分

ミニ百科

神仏の習合・分離
～かつて仏と神は一心同体だった

六世紀中頃に百済より伝来した仏教を奈良時代に国教とする際に、日本固有の神道と整合性を図る必要が生じた。そこで仏教の菩薩号を神名につけ八幡大菩薩と唱えるなど神仏の融合・調和を図ったが、これを神仏習合という。また、仏は神の姿で現われたとする本地垂迹説《ほんちすいじゃくせつ》では、阿弥陀如来の垂迹を八幡神、大日如来の垂迹を伊勢神宮として神社の境内に神宮寺や本地堂が建てられた。この説は鎌倉時代に両部《りょうぶ》神道へと発展し、室町期に興隆をみる。

明治元年（一八六八）、維新政府は王政復古と祭政一致の政策を確立するため神仏分離令を発布。これは神宮寺や本地堂を廃し、神社所属の僧侶に還俗を命じるなど厳しいもので、各地では廃仏毀釈《はいぶつきしゃく》などの運動も起こった。

社殿

荏柄天神社

えがらてんじんしゃ

鎌倉でも古い神社で、その昔は荏柄山天満宮とも称された。太宰府天満宮（福岡県）、北野天満宮（京都府）とともに、日本三天神のひとつに数えられる。「天神」とは、「学問の神様」として知られる菅原道真のことをいう。

荏柄天神社が所蔵する『相州鎌倉荏柄山天満宮略縁起』によれば、創建は長治元年（一一〇四）。当時、荏草郷と呼ばれた里に、にわかにかき曇った天から天神画像が降ってきたという。里の人びとは恐れ、降臨した場所に社殿を造営し、その画像を納めて祀ったと伝えられる。

参道入口

絵馬

手水舎

治承四年（一一八〇）、鎌倉入りを果たし大倉の地（鶴岡八幡宮の東側）に幕府を開いた源頼朝は、幕府の鬼門（陰陽道で北東の方角。邪悪な鬼が出入りすると嫌われた）の守護神として荏柄天神社を崇敬したとされる。

『吾妻鏡』にも荏柄天神社はしばしば登場する。たとえば、建保元年（一二一三）、身に覚えのない罪を着せられた渋河兼守という人物が和歌十首を荏柄天神社に献じたところ、その和歌を知った三代将軍で歌人の源実朝が兼守の冤罪を許したというエピソードを伝えている。荏柄天神社はその後も信仰を集め、小田原城主の北条氏康から社殿造営のための協力を得たり、徳川家康から土地の寄進を受けるなどしている。

熊野社鳥居（右）と神輿庫

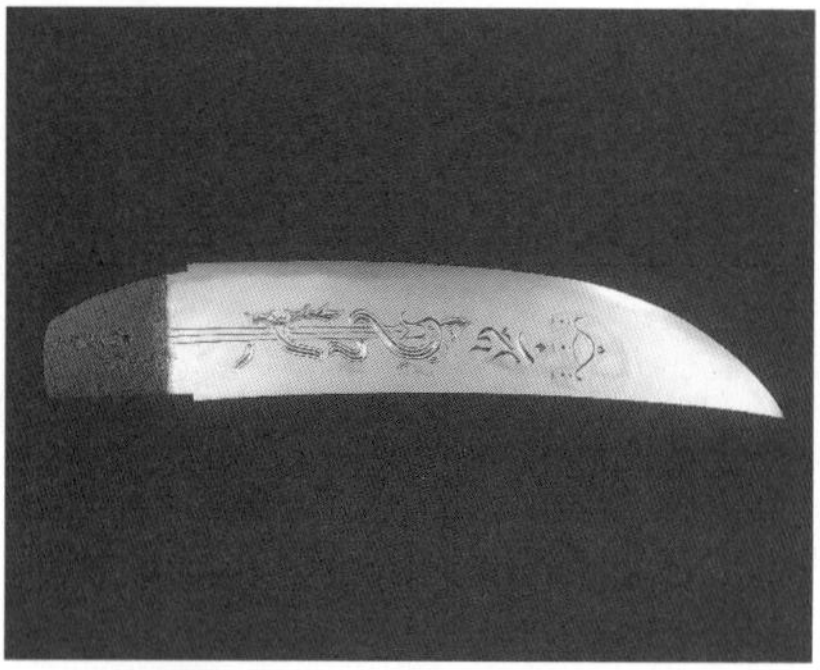

包丁正宗（模造）

木造天神立像（重文）

本殿は鎌倉期の建築様式と木材を残しており鎌倉最古の木造建築として市指定文化財。拝殿は、大正十二年（一九二三）に発生した関東大震災の復旧工事の折、旧例にならい鶴岡八幡宮の仮殿を移築したもの。境内には、鎌倉に暮らした漫画家、清水崑が愛用した絵筆を納めるため、昭和四十六年（一九七一）に建設した石碑「かっぱ筆塚」がある。表のカッパの絵は清水が、裏の「かっぱ筆塚」の文字はやはり鎌倉に居住したノーベル賞作家、川端康成が揮毫した。横山隆一をはじめ漫画家一五四人のカッパの絵を青銅にレリーフした筆形の絵筆塚も建っている。

祭神 菅原道真《すがわらのみちざね》、八雲大神《やくものおおかみ》（須佐《すさのお》男尊《のみこと》）

筆形の絵筆塚

絵筆塚のレリーフ

筆供養

例祭 七月二十五日、神幸祭七月二十日

境内社 熊野社

神事芸能 筆供養・初天神／一月二十五日。使い古した毛筆や絵筆、鉛筆を焚き上げ、感謝をこめて供養する。針供養／二月八日。裁縫の上達を祈願し、古くなった針や折れた針を豆腐に刺して感謝する。

宝物 木造天神坐像、木造天神立像（以上、重文）、紙本着色天神像四幅（市文）、紙本墨書古文書類 他

小百科 菅原道真（八四五～九〇三）は、平安時代前期の官僚、学者。学問、書、詩文にすぐれ、菅公と称された。右大臣にまでなったが、延喜元年（九〇一）、藤原時平の讒言で大宰権帥《だざいごんのそち》に左遷され、失意のうちに没する。間もなく天変地異がつづいたことから、道真の怨霊がその原因とされ、各地に道真を祀る神社が誕生した。荏柄天神社の木造天神坐像、立像は、いずれも憤怒の表情。「怒り天神」の名で知られる。

神徳 学業成就、除災招福、心願成就 等

住所●鎌倉市二階堂74
電話●0467（25）1772
交通●鎌倉駅東口よりバス大塔宮行8分天神前下車徒歩1分

鳥居と拝殿

鎌倉宮

かまくらぐう

大塔宮《おおとうのみや》護良親王《もりながしんのう》を祀ることから、鎌倉宮は大塔宮とも呼ばれる。建武の中興につくしたものの、若くして命を奪われた護良親王の遺志を後世に伝えることを望んだ明治天皇の勅命により、明治二年（一八六九）、親王が命を絶たれた東光寺跡に創建された。「鎌倉宮」の名も天皇が自らつけられた。

護良親王は延慶元年（一三〇八）、後醍醐天皇の皇子として生まれた。十一歳で比叡山延暦寺の大塔（密教寺院の七堂のひとつ）に入室したことから「大塔宮」と称された。二十歳で天台座主になったが、元弘元年（一三三一）、

奥にあるのが本殿

多宝塔

土牢

後醍醐天皇の鎌倉幕府倒幕のための挙兵に呼応。しかし、計画は失敗し、後醍醐天皇は隠岐島に流された（元弘の変）。

　一方、親王は還俗して護良と名を変え、楠木正成らと手を携えて幕府軍と戦うとともに各地の武士に決起を促した。その結果、足利尊氏や新田義貞らによって鎌倉幕府は滅び、後醍醐天皇は京へ戻って天皇親政を復活（建武の中興）、護良親王は征夷大将軍になった。

　しかし、その後、親王は足利尊氏と対立。捕らえられて鎌倉に送られ、東光寺の土牢に幽閉された。そして、建武二年（一三三五）、北条時行の率いる北条氏の残党の攻撃を受けた尊氏の弟、足利直義により、護良親王は殺害されてしまう。

南方社

村上社

神苑

境内入口

東光寺は臨済宗の寺だった。創建については、承元三年（一二〇九）、二階堂行光（政所執事）が創建したという説と、建久四年（一一九三）に源頼朝が造営した薬師堂がその前身という説がある。いつ廃寺になったかは分かっていない。

本殿の裏手には、親王が幽閉されていたと伝えられる土牢が残されている。また、境内の東北、明治元年（一八六八）に廃寺になった理智光寺跡に親王の墓がある。

祭神 大塔宮護良親王《おおとうのみやもりながしんのう》

例祭 八月二十日

境内社 摂社・南方社（南御方《みなみのみかた》を祀る。南御方は護良親王とともに鎌倉に来て親王に仕えた）、村上社（村上義《むらかみよし》光《てる》を祀る。義光は鎌倉時代の武将で護良親王に従って戦った。元弘の変で護良親王の身代わりとなり自刃した）。

草鹿。草の中に伏す鹿を模した的を射る

獅子頭

薪能神事

神事芸能 薪能神事（十月八、九日）

昭和三十四年（一九五九）から毎秋の恒例になっている薪能は、古都鎌倉を代表する催しのひとつ。金春流宗家による謡「翁」が奉納されたのち、篝に点じる火入れ式が行われ、能は始まる。幽玄の世界は、立原正秋の小説『薪能』などに描かれている。

宝　物 護良親王馬上像（山田鬼斎／作。鬼斎は明治時代の彫刻家で東京美術学校教授）、徳川斉昭の筆になる色紙　他

小百科 鎌倉宮のお守りとして知られる獅子頭は、建武の中興を実現した折、護良親王がその兜に獅子頭をつけていたとされることに由来する。

神　徳 魔除け、身代り

住所●鎌倉市二階堂154
電話●0467(22)0318
交通●鎌倉駅東口よりバス大塔宮行10分

鳥居と社殿

熊野神社《くまのじんじゃ》(浄明寺)

浄明寺の鎮守。勧請の年歴は明らかでなく、応永年間（一三九四〜一四二八）と永正年間（一五〇四〜一五二一）に社殿を再建したと伝わる。また『相模風土記』に「熊野社、泉水ヶ谷字東之沢宝生庵の東にあり」とある。

文久三年（一八六三）の再建時の棟札や嘉永七年（一八五四）の社号扁額などが保存されている。

明治六年（一八七三）、浄明寺区の鎮守として「村社」に列格された。

祭神 伊弉諾命《いざなぎのみこと》、伊弉冉命《いざなみのみこと》、天宇順女神《あめのうずめのかみ》

例祭 七月十七日に近い休日

小百科 社の東側には足利尊氏の弟直義の屋敷があったといわれる。また、同地には後に、直義の菩提所である大休寺という禅宗寺院が建立された。直義は大休寺殿と号した。この寺がいつ廃されたのかは判っていない。

神徳 子孫繁栄

住所●鎌倉市浄明寺64
交通●鎌倉駅東口よりバス太刀洗行浄明寺下車徒歩5分

参道入口

ミニ百科

〈社のルーツ〉

熊野神社

～深山幽谷に囲まれた宗教的聖地

熊野神社という名の社は全国に三千を数えるが、その本源は現在の和歌山県、紀伊国の熊野三山である。

熊野三山とはすなわち熊野本宮大社《くまのほんぐうたいしゃ》、熊野速玉大社《くまのはやたまたいしゃ》、熊野那智大社《くまのなちたいしゃ》の三社のこと。熊野は古くから宗教的聖地とされ、奈良時代は僧侶の修行地でもあった。平安時代の神仏習合で阿弥陀信仰の中心となってからは、「蟻の熊野詣」といわれるほど多くの修行者・参拝者を集め、北は東北、南は沖縄まで権勢を誇った。

他方で熊野比丘尼《びくに》、歌比丘尼と呼ばれる巫女的女性たちによる芸能や、各種の誓約に用いられた牛王宝印《ごおうほういん》と呼ばれる護符の頒布など、数多くの風俗、文化も生まれている。

社殿

十二所神社《じゅうにそじんじゃ》

十二所の鎮守。古くは熊野十二所権現社といい、弘安元年（一二七八）の創建とされる。もとは光触寺境内にあったが、天保九年（一八三八）に現在地に移された。

当時、社を管理していた明王院所蔵の棟札には、里人が土地用材を寄進、土木開墾の奉仕により遷座されたと記されている。明治維新により十二所神社と改称され、明治六年（一八七三）十二所の鎮守として「村社」に列格された。

鳥居脇に「百貫石」という石がある。重さは約二十八貫（約一一二kg）で、昔、祭りではこれを持ち上げる力自慢もいたという。

境内入口

祭神 天神七柱《あまつかみななはしら》、地神五柱《くにつかみいつはしら》

例祭 九月九日に近い日曜

境内社 山の神、疱瘡神、宇佐八幡、地主神

宝物 刀（銘相州住伊勢綱広）

小百科 五月五日と大晦日の夜には餅つき大会が行われる。大晦日には、除夜の鐘とともに最初の餅が神殿に供えられ、参詣者にもふるまわれる。

神徳 子孫繁栄

住所●鎌倉市十二所285
交通●鎌倉駅東口よりバス太刀洗行十二所神社下車徒歩1分

疱瘡神（左）と宇佐八幡

地主神

ミニ百科

燈篭
～神仏を照らしだす灯り

奈良時代初めに百済から伝来したといわれる燈篭は、神仏を照らすために、神社だけではなく寺院にも建てられた。材質は概ね石材か金属で、つくられた時代や目的によって様々な形状が存在する。

参道や拝殿前、あるいはその周辺に建てられる台燈篭は石もしくは金属でつくられ、その基本構成は下部より基壇・竿・中台・火袋・笠・宝珠の六つから成り、火袋の形状によって四角型・六角型・八角型・丸型に大別される。

釣り燈篭は多くが金属製で、社殿の軒下や回廊などに提げられる。

台燈篭

境内

八雲神社（大町）

やくもじんじゃ

大町の鎮守。古い厄除開運の社として知られ、地元では「八雲さん」「お天王さん」と呼ばれ親しまれている。

社伝によれば、永保年間（一〇八一～一〇八四）、新羅三郎義光が兄八幡太郎義家の奥州攻め（後三年の役）の助勢に赴く途中にこの地に立ち寄った際、疫病に苦しむ人びとの姿を見て京都祇園社の祭神を勧請したのが始まりという。創祀とともに悪疫は退散し、民は難を逃れ安堵したと伝えられる。

応永年間（一三九四～一四二八）、佐竹屋敷に祀られていた祠が合祀され佐竹天王と称した。佐

庚申塔（市文）

宝蔵庫（左）と神木

御嶽三峰社

竹氏は新羅三郎義光の子孫で代々、源氏、足利氏、豊臣秀吉に仕え、「天下六大名」のひとつに数えられた。その後も「祇園さま」と崇められ、江戸時代も代々の徳川将軍家より朱印を賜った。

　明治維新の際、社号を鎌倉祇園社（祇園天王社）から八雲神社に改称。明治六年（一八七三）大町区の鎮守として「村社」に列格された。関東大震災では社殿が倒壊したが、昭和四年（一九二九）七月に再建された。

　宝蔵庫には江戸時代の神輿四基、宝剣、銅鏡などガラス越しに自由に拝観できる。裏山は東勝寺跡に通じる祇園山ハイキングコースとなっており、四季を通じハイカーの姿が絶えない。

社殿

境内に祀られた石祠

右より諏訪神社、稲荷神社、於岩稲荷社

祭神 須佐之男命《すさのおのみこと》、稲田比売命《いなだひめのみこと》、八王子命《はちおうじのみこと》、佐竹氏の御霊

例祭 七月七日～十四日の間の土日を含む三日間

境内社 御嶽三峰社、稲荷神社、諏訪神社、於岩稲荷社

神事芸能 新年初神楽（正月六日）、神幸祭（例祭期間中・七月第二土曜）

　神幸祭（神霊の移動を神威の顕れとみなし、神輿巡行など行う神事）は大規模な神輿渡御で知られる。古くは「おわたり」といわれ、現在は「大町祭り」と呼ばれる地区の夏祭りとして親しまれている。巡幸途中、佐竹氏屋敷跡とされる大宝寺前で神幸所祭が行われる。これは、一番神輿を「佐竹天王」とする伝承にちなむ。夜は、四基の神輿に提灯をつけ、大町四辻で勇壮な「神輿ぶり」を披露する。奉昇する者も「悪疫退散招福繁昌」が約束されると古くから語り伝えられている。

　室町時代、関東公方足利成氏が祭りの際に屋敷に神輿を渡し、神楽を奏したと『鎌倉年中行事』にある。天正十

神幸祭の神輿渡御

勢揃いした四基の神輿

神幸祭

四年（一五八六）には、小田原北条氏五代氏直より「祭礼に際し不敬不礼の者は厳科に処す」という禁制守護状が与えられた。昭和三十年代中頃までは小町、雪ノ下など広範囲に巡行したが、現在は大町地区に限られている。神輿を担ぐ際には天王唄が歌われ、鎌倉囃子が打ち囃される。神幸祭の間、氏子が幼児を抱いて神輿の下をくぐり無事成長を祈願する「みこしくぐり」は、今も行われている。

宝物 神輿四基、宝剣、古鏡（銘貞和）、古面（鯉口）、庚申塔（寛文十年〈一六七〇〉銘、市文）

小百科 鎌倉囃子と天王唄には保存会があり、若い世代に伝承されている。天王唄は伊勢神宮の御用材を運ぶ御木曳神事で歌われる「伊勢音頭」を起源とするもので、源頼朝の鶴岡八幡宮造営の際に歌われたのが始まりという。

神徳 疫災除、厄除開運

住所●鎌倉市大町1-11-22
電話●0467（22）3347
交通●鎌倉駅東口より徒歩8分

社殿

五所神社
ごしょじんじゃ

当地はもともと乱橋村と材木座村に分かれていたが、明治に東鎌倉村に編入され、大字乱橋材木座となり、さらに、材木座と改められた。

もと乱橋村に三島社、八雲社、金毘羅社の三社が、もと材木座に諏訪社、視女《みるめ》八坂社の二社があった。明治六年（一八七三）、三島社が材木座の鎮守として村社に列格された。

その後、明治四十一年（一九〇八）、村内の他の四社（八雲、金毘羅、諏訪、視女八坂）が合祀され、社名を五所神社と改称した。

板碑

祭神 大山祇命《おおやまつみのみこと》、天照大御神《あまてらすおおみかみ》、素盞嗚命《すさのおのみこと》、建御名方命《たけみなかたのみこと》、崇徳院霊《すとくいんのみたま》

例祭 六月第二日曜

境内社 石神社

神事芸能 潮神楽（一月十一日）、湯花神楽（四月十五日）、神輿渡御（七月七日）

潮神楽は、かつては豊漁と安全を祈願する漁師の仕事始めの儀式だった。漁業従事者の減少により、現在は氏子会が主催している。鼻高（赤面）、山の神（黒面）の面をつけて舞が行われる。終わりに、供物のミカンが参列者に投げ与えられる。

庚申塔

宝物 石造板碑（弘長二年〈一二六二〉国の重要美術品）、石造庚申塔（寛文十二年〈一六七二〉市文）。神輿三基

小百科 昔は村名でもあった乱橋は、鎌倉十橋のひとつだが、現在は舗装道路となっていて橋の形は残っていない。

神徳 家内安全、五穀豊穣

石神社

住所●鎌倉市材木座2-9-1
交通●鎌倉駅東口よりバス九品寺循環五所神社下車徒歩1分

境内

甘縄神明宮

あまなわしんめいぐう

長谷の鎮守。社伝によれば和銅三年（七一〇）八月行基が草創し、豪族染屋時忠が建立したといわれる。源頼義が平直方の女《むすめ》と結婚し、当社に祈って愛児（八幡太郎義家）に恵まれたことから、源氏と縁が深い神社として信仰を集めた。康平六年（一〇六三）頼義、当社を修復。義家も永保元年（一〇八一）に修復を加えたという。文治二年（一一八六）十月、当社を「伊勢別宮」と崇敬した頼朝が社殿を修理し、四方に荒垣および鳥居を建てたと『吾妻鏡』は伝える。北条政子や実朝も参詣したとある。明治六年（一八七三）、長谷区の鎮守として「村社」に列格された。

　社頭一帯は鎌倉時代初期の武将安達盛長の屋敷跡。盛長は頼朝に重用された重臣で、後の執権北条氏とも縁戚関係となった安達氏の基礎を築いた。石段下に「北条時宗公産湯の井」がある。これは、時宗の祖母松下禅尼が安達氏出身であることから生まれた伝説であろうとされている。

　境内社の五社明神は明治二十年（一八八七）、長谷寺の鎮守を合祀したもの。

社殿

祭神 天照大御神《あまてらすおおみかみ》
例祭 九月十四日
境内社 五社明神、秋葉社
神事芸能 神輿渡御（例祭）

秋葉社

宝物 神輿、源義家坐像
小百科 作家川端康成は甘縄神明宮社頭に長く暮らした。小説「山の音」は、社を覆うように山がある周囲の自然をモチーフとしたともいわれる。神社裏山を神輿嶽と称す。
神徳 家運隆昌、国土安泰

北条時宗公産湯の井

住所●鎌倉市長谷1-12-1
交通●江ノ電長谷駅徒歩5分

面掛行列

御霊神社（坂ノ下）

ごりょうじんじゃ

平安時代後期の創建。権五郎神社という俗称は祭神の鎌倉権五郎景政の名に由来する。景政は平安時代後期の平氏一門の武士で、鎮守府将軍平良文を祖父とし、父は鎌倉権守景成。当時、関東地方で勢力を誇っていた大庭、梶原、長尾、村岡、鎌倉の平氏五家とともに鎌倉武士団を率い、現在の湘南地域一帯を開拓した開発領主。景政はまた、永保三年（一〇八三）に始まった「後三年の役」の武勇で知られる。

伝えられる景政の武勇のあらましは、こうだ。源義家に従って奥州に出陣した時、景政は十六歳だ

社殿

石上神社

景政の武勇を伝える重さの手玉石（左）と袂石

った。金沢の柵（秋田県）を攻めた折、景政は敵に右目を射抜かれたが、ひるむことなく戦って陣に戻り、味方の手で矢を抜いてもらうことになった。その時、矢を抜こうとした武士が景政の顔に沓のまま足をかけた。すると、景政は、弓矢で命を落とすのは武士の本望だが、土足で顔を踏むとは何事か、と叱責した――。こうして、景政の武勇は広く知られることになったといわれる。

　また、目に矢が刺さっても無事に生還した由縁からか、江戸時代の儒学者、林羅山《はやしらざん》はその著『本朝神社考』に、御霊神社は目を患う者に効験ありと記している。

弓立ての松。景政が弓を立てかけ休んだと伝わる

祖霊社

鎌倉神楽

地神社

祭神 鎌倉《かまくら》権五郎《ごんごろう》景政《かげまさ》

例祭 九月十八日

境内社 石上神社（境内の右手にある小さな社だが、大きな石がその背景に安置されている。神社の前浜の岩礁の一部で、それまではこの岩礁に舟が乗り上げて命が奪われることも少なくなかったという。そこで人びとは岩礁の一部を御霊神社に安置して祠をつくって祀り、水難が避けられるように祈ったと伝えられる）、地神社《じじんしゃ》（大地主《おおとこぬし》神《のかみ》と呼ばれる農村神を祀る）、金比羅社（金比羅宮〈香川県〉の分霊を祀っている。農業、海上の守り神）、秋葉神社（秋葉神社〈静岡県〉から分霊した火防の神）、祖霊社（町内氏子の英霊を祀る）。

神事芸能 面掛行列／例祭日に行われる。神輿渡御の行列とともに「爺」「鬼」「異形」「鼻長」「阿亀《おかめ》」など十面の面掛衆が行進する。行列の中心となる妊婦姿の「阿亀」は豊作、豊漁を祈る祭りでは「妊む」「産む」のシンボルである。面は、横幅が広い、男面の

御供流し

鼻が高いなど伎楽（海外から日本へ最初に渡ってきた楽舞、無言仮面劇）面の特色が認められる。かつては鶴岡八幡宮でも行われていたが、鎌倉市内では明治以降、御霊神社のみになった。神奈川県指定無形文化財。

鎌倉神楽（湯立神楽）／産土神と火の神、水の神を招神して、神々の恵みに感謝し、除災、招福を祈る神楽。例祭日に催される。

御供《ごく》流し／石上神社の神事。海神の霊を鎮め、遭難した人びとの霊を慰めるもので、水泳に長けた若者たちが「御供」（神前に供えた赤飯）を捧げながら、社に安置されている石があった岩礁まで泳いで行き、これを流す。現在では「海の日」（七月二十日）に神幸祭が行われ、若者たちは船に乗せられた神輿とともに岩礁をめざし、円形となって神輿を拝してから御供を流している。

金比羅社

宝物 神輿、掛面十面、神楽面二面、鉾、長刀

小百科 伎楽はインドからシルクロードの国々、東南アジアへ広まった。日本には、推古天皇の時代（七世紀の初め）に百済の味摩之《みまし》によりもたらされたといわれる。日本では、飛鳥、奈良時代にもっとも盛んだった。伎楽面は、正倉院、法隆寺などにも納められている。

神徳 眼病平癒、病気平癒、除災招福、学業成就、縁結び、必勝招来

住所●鎌倉市坂ノ下4-9
電話●0467(22)3251
交通●江ノ電長谷駅徒歩3分

社殿

熊野新宮

くまのしんぐう

　極楽寺の鎮守。「新宮社」ともいわれる。極楽寺開山忍性《にんしょう》の足跡を著した『忍性菩薩行状略頌』に、文永六年（一二六九）の創建の記述が見える。

　永仁六年（一二九八）に火災に遭ったが、正安二年（一三〇〇）に再建されたともある。鎌倉幕府滅亡後は足利氏の保護を受け、建武二年（一三三五）には足利直義が土地を寄進した。

　この地にはもともと熊野新宮のほか八雲神社と諏訪明神が祀られていた。しかし、いずれも関東大震災で倒壊したため、昭和三年（一九二八）に熊野新宮に合祀さ

神輿渡御

れた。現在の社殿は昭和二年（一九二七）に再建されたものである。

祭神 日本武命《やまとたけるのみこと》、速玉男命《はやたまのおのみこと》、素盞嗚命《すさのおのみこと》、建御名方命《たけみなかたのみこと》

例祭 九月九日

神事芸能 神輿渡御（七月第一日曜）、鎌倉神楽（例祭）

境内入口

宝物 神輿、山車

小百科 もとは極楽寺の寺の鎮守だった。忍性が社を熊野本宮から勧請したのは、忍性が大和（奈良県）の出身で信仰していたからとされる。

神徳 除災招福、疫病退散、農業（産業）守護

住所●鎌倉市極楽寺2-3-1
交通●江ノ電極楽寺駅徒歩3分

＊おやしろ雑学帖②＊

氏神・氏子

―鎮守の社を中心に―

山ノ内八雲神社の神輿渡御に参じた氏子たち（建長寺にて）

氏神とは、古代の社会において、血を分けた一族が共通して祀った神のことをいう。一族の祖先を神として祀ったり、一族に関わりの深い神を祀った。著名な例を挙げれば、藤原氏の春日大社（奈良市）や源氏の石清水八幡宮（京都府八幡市）などだ。また、現在では、ある一定の地域の住民が、その地域内にある神社を氏神とするケースが多い。

一族を守護する氏神とは別に、日本には産土《うぶすな》と呼ばれる神がいる。産土には「生まれた土地」という意味がある。そして、その土地を守るのが産土神だ。日本人は稲作を中心に集落を形成してきたが、その集落全体を守護する神だ。

氏神と産土神はいつしか一体となって共同体の守り神となり、「鎮守の社」に祀られるようになる。日本人に親しみ深い鎮守の社は、こうして全国各地に生まれた。

一方、氏子とは、本来、その氏族の人たちのこと、また、その産土神の鎮守する土地に暮らし、産土神に守られている人びとのことをいった。現在では、神社の側から見るなら、その地域に住んでいる人びとのことをいう。

北部

北部
稲荷神社
(P90)
鎌倉女子大
公田町
横浜市
岩瀬
栄区
熊野神社
(P86)
多聞院
白山神社
(P88)
今泉
高野
八幡神社
(P83)
散在ヶ池
森林公園
今泉台
八雲神社
(P76)
北鎌倉
円覚寺
明月院
北鎌倉
女子学園
山ノ内
建長寺
長寿寺

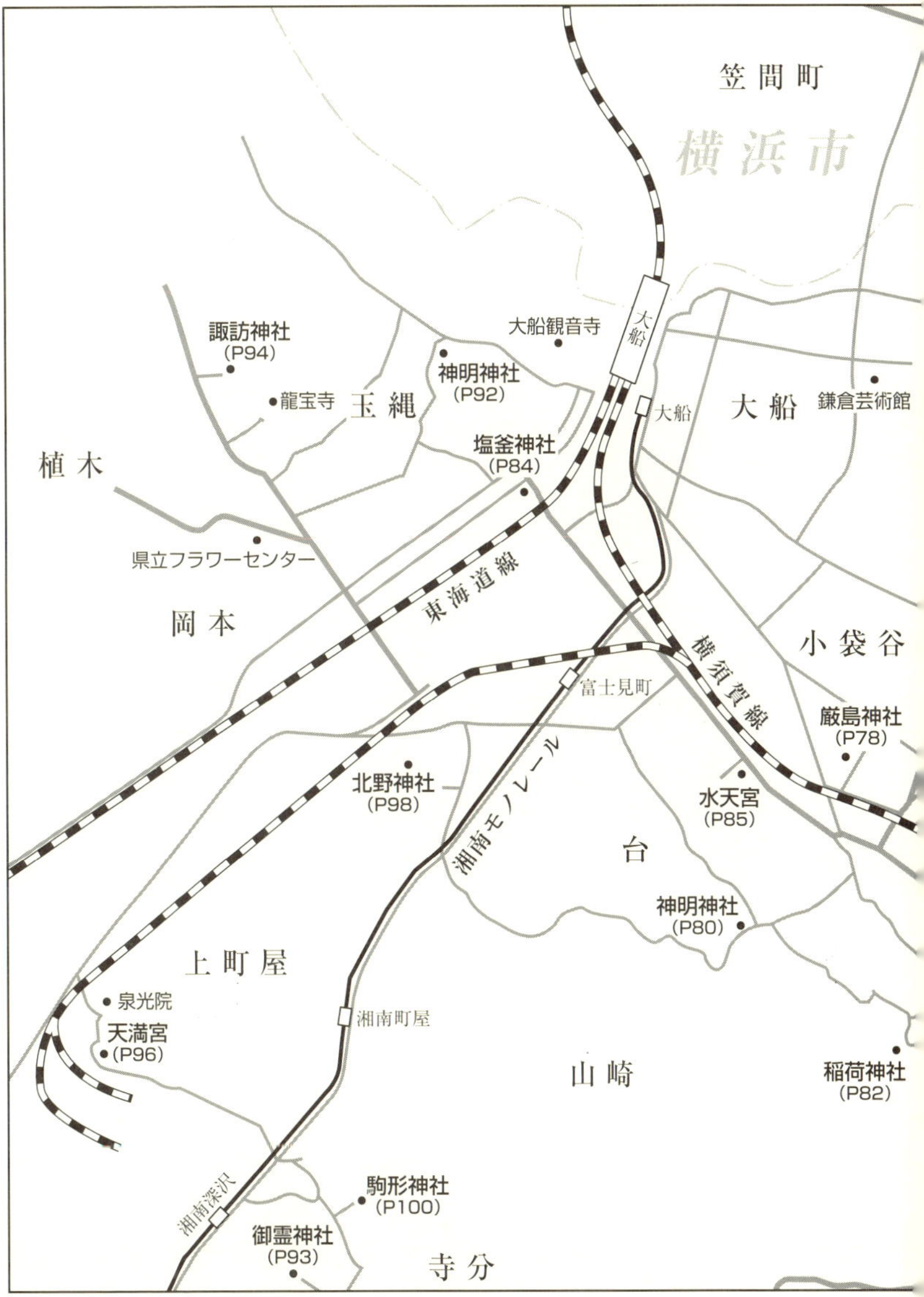
笠間町
横浜市
大船
大船観音寺
諏訪神社
(P94)
龍宝寺
玉縄
神明神社
(P92)
大船
大船
鎌倉芸術館
植木
塩釜神社
(P84)
県立フラワーセンター
東海道線
岡本
小袋谷
横須賀線
富士見町
厳島神社
(P78)
湘南モノレール
北野神社
(P98)
水天宮
(P85)
台
神明神社
(P80)
上町屋
泉光院
天満宮
(P96)
湘南町屋
山崎
稲荷神社
(P82)
駒形神社
(P100)
湘南深沢
御霊神社
(P93)
寺分

鳥居と社殿

八雲神社（山ノ内）

やくもじんじゃ

山ノ内の鎮守。創建は鎌倉時代といわれる。『相模風土記』には、元仁元年（一二二四）、鎌倉に疫病が流行し、病攘滅のための祈願祭が各地で行われたとある。その地に村人が祇園八坂の神霊を勧請し、村の安寧を祈ったのが始まりという。古くは牛頭天王社と称した。室町期、この地に居を構えた関東管領上杉憲房も篤く信仰した。憲房が武運長久を祈り、京都から勧請したという説もある。

境内には寛文五年（一六六五）の銘のある鎌倉最大最古の石造庚申塔（市文）がある。

祭神 素盞嗚命《すさのおのみこと》

例祭 七月十五日

境内社 稲荷社

神事芸能 神輿渡御は現在、例祭の最終日にあたる「海の日」（七月二十日）に行われる。山崎北野神社神輿との「行合《ゆきあい》祭」で、二基の神輿が行列をなして山ノ内界隈をねり歩く。

宝物 面と衣裳（市文）、石造庚申塔（市文）、神輿、獅子頭

例祭

晴明の石

小百科 境内に祀られている「晴明の石」は、平安時代の陰陽師安倍晴明が残したといういわれがある。除災の石として信仰を集め、石を汚したりすると大難の祟りがあるといって祀られた。もとは付近の道路に埋まっていたが、工事で掘り起こされて八雲神社に移された。

鎌倉最大最古の庚申塔（市文）

神徳 除災招福、病気平癒、農業（産業）の守護神、良縁成就

住所●鎌倉市山ノ内585
交通●北鎌倉駅より徒歩5分

北部

社殿

厳島神社
いつくしまじんじゃ

小袋谷《こぶくろや》の鎮守。成福寺裏の亀甲山の頂上に建つ。かつては「弁天さま」と呼ばれ、成福寺の南側、現在の横須賀線踏切の外側にあった。周辺の吾妻社、八幡社と一年に一社ずつ祭祀を行っていたが、関東大震災で倒壊し、昭和の初めに三社が合祀され、厳島神社となった。

現在地は、もと八幡社のあった場所である。八幡社は応神天皇を祭神とする成福寺の鬼門除けの神社だった。吾妻社は現在の小袋谷公会堂の場所にあり、橘姫命を祀っていた。

祭神 市杵島姫命《いちきしまひめのみこと》、橘姫命《たちばなひめのみこと》、応神天皇《おうじんてんのう》

例祭 七月二十二日以降の日曜

神事芸能 鎌倉神楽、子供神輿渡御（例祭）

宝物 石造庚申塔（寛文十年〈一六七〇〉市文）

小百科 境内地を亀甲山というのは、かつて山全体が亀の甲羅の形をしていたことによる。現在は宅地開発などにより姿がまったく変わっている。

神徳 家内安全

庚申塔

参道

住所●鎌倉市小袋谷2-13-21
交通●大船駅東口より徒歩15分

ミニ百科

〈社のルーツ〉
厳島神社
～三女神の神託で創建された社

厳島神社の本社、広島県佐伯郡宮島町に鎮座する厳島神社は推古天皇元年（五九三）、市杵島姫命、田《たごり》心姫命《ひめのみこと》、湍津姫命《たぎつひめのみこと》の宗像《むなかた》三女神の神託により豪族佐伯鞍職《さえきのくらもと》が建立した。国家鎮護、海上・交通安全、商売繁昌の神。名の由来は、島の古名である伊都伎島とも、市杵島姫命ともされる。島全体が原生林に覆われた山で、深山幽谷を背に海上に浮ぶ社殿は壮麗である。安芸守平清盛が守護神として崇拝し、大規模な社殿の造営を行ってから発展。後白河法皇、高倉上皇らが参拝したとの記録もある。平氏滅亡後も源頼朝や毛利氏、豊臣氏らの保護を受け栄えた。

主祭神市杵島姫命と仏教の弁財天は同一視されていたが、明治の神仏分離で全国の弁財天社の多くが厳島神社と改めた。

鳥居と社殿

神明神社《しんめいじんじゃ》（台）

台下町の鎮守。「台のお宮」「お伊勢さん」とも呼ばれる。元亀年間（一五七〇〜一五七三）に疫病が流行した際、村人の代表四人が伊勢詣でに出向いて賜った神札を、この地に祀ったのが始まりという。江戸中期に悪疫が流行ったとき、源左衛門という人物が伊勢で神札を賜ったのが始まり…という説もある。

慶安元年（一六四八）の大地震で神燈の火により社殿が炎上、承応三年（一六五四）に再建された。大正九年（一九二〇）、村内の淡島社、第六天社、諏訪神社を合祀した。

北部

祭神 天照大神《あまてらすおおかみ》、蛭子之命《ひるこのみこと》、須佐之男命《すさのおのみこと》、市杵島比売命《いちきしまひめのみこと》
例祭 九月第二日曜
境内社 三峯《みつみね》神社
神事芸能 鎌倉神楽（例祭）
小百科 神社からほどない山崎小学校そばに、庚申塔三基と供養塔一基が立つ庚申塚がある。江戸期のもので、青面金剛など刻まれている。
神徳 家内安全

社殿

手水舎

住所●鎌倉市台4-20-16
交通●北鎌倉駅より徒歩15分

ミニ百科

〈社のルーツ〉

神明社
～神明＝天照大神を祀る社

神明社とは三重県伊勢市の伊勢神宮を勧請、分祀した社。その数の多さで知られ、全国最多の稲荷神社に次いで二番とも三番ともいわれる。

神明とは天照大神のことで、各地の神明社では天照大神、もしくは伊勢内宮・外宮の神を奉祀する。本源では五十鈴川上の伊勢市館町に鎮座する皇大神宮を内宮、伊勢市山田原に鎮座する豊受大神宮《とようけだいじんぐう》を外宮と呼ぶが、伊勢神宮とはその総称。正式には「神宮」と呼ぶ。

鎌倉では『吾妻鏡』の文治二年〈一一八六〉正月の条に甘縄神明宮《あまなわしんめいぐう》の名が見える。ほかに伊勢宮、伊勢神社、今伊勢社とも称された。伊勢の大神が各地に飛び移ったという信仰から、戦国末期には飛神明《とびしんめい》の勧請も流行った。

稲荷神社（台）

いなりじんじゃ

台上町の鎮守。社歴は不祥だが、『相模風土記』に山神、山王を合祀したと記されている。弘化四年（一八四七）の社殿再建の際の勧進状には、山城国飯成山に鎮座する神を承久年間（一二一九〜一二二二）に勧請した、とある。

再建当時の手水鉢、庚申供養碑（享保二十年〈一七三五〉）、句碑などが境内にある。

参道

社殿

祭神 受気母知命《うけもちのみこと》

例祭 三月第二日曜

神事芸能 鎌倉神楽（例祭）

小百科 稲荷神社に近い台公会堂の場所には、かつて地蔵堂があり、二体の地蔵菩薩像が祀られていた。像は稲荷神社の本地仏であったともいわれる。現在は、鎌倉国宝館に寄託されている。

神徳 家内安全、商売繁昌

木造稲荷明神騎像（鎌倉国宝館に寄託中）

住所●鎌倉市台1795
交通●北鎌倉駅より徒歩10分

八幡神社《はちまんじんじゃ》

境内

社伝によれば享保二十年（一七三五）、この地の領主・別所氏が石清水八幡宮を勧請し、村人の守護神として祀ったのが始まりという。別所氏は元禄十一年（一六九八）、将軍徳川綱吉により領主に任命された。

地元では「小八幡さま」と呼ばれる。台の市場区の鎮守。

稲荷社

祭神 応神天皇《おうじんてんのう》

例祭 七月二十二日

境内社 稲荷社

神事芸能 鎌倉神楽（例祭）

小百科 社のある一帯は通称「市場」と呼ばれる。昔は毎月五日、十日に紅花の市が立って賑わったことにちなむ。江戸時代には馬の市も立ったといわれる。

神徳 家内安全

住所●鎌倉市台2044
交通●北鎌倉駅より徒歩5分

塩釜神社
しおがまじんじゃ

鳥居と社殿

草創は不祥。江戸時代末頃、当地の娘が仙台公に仕え、かの地で塩釜神社を崇敬し、帰郷に際し分霊を賜り、ここに祠を建てて祀ったという。塩釜神は航路の安全、漁業、製塩、安産の神。当社では安産信仰が強い。

神奈川県唯一の塩釜社。台戸部区の鎮守。

扁額

祭神 塩土老翁神《しおつちのおじのかみ》、武甕槌神《たけみかづちのかみ》、経《ふつ》津主神《ぬしのかみ》

例祭 七月十日に近い日曜

神徳 安産

住所●鎌倉市台1-5-15
交通●大船駅東口より徒歩5分

水天宮

すいてんぐう

社殿

扁額

社の鎮座する地は通称末広町と呼ばれる。かつては台の塩釜神社の氏子区域に属していたが、新開地として住民が一区域を形成し、また塩釜神社とも距離が離れていることから、次第に町内鎮守の奉斎を要望する声が強まり、昭和三年（一九二八）、当社が建立された。以来、住民の安居和合の中心として崇敬されている。

祭神 綿津見神《わたつみのかみ》、表筒男命《うわつつのおのみこと》、中筒男命《なかつつのおのみこと》、底筒男命《そこつつのおのみこと》

例祭 九月五日

神徳 水難除、安産

住所●鎌倉市台5-3-7
交通●北鎌倉駅より徒歩15分

社殿

熊野神社（大船）

くまのじんじゃ

大船の鎮守。『相模風土記』は天正七年（一五七九）、甘糟長俊が束帯姿の木像を勧請して祀ったと伝える。像は今も御神体として守られ、その台座には長俊勧請の旨が記されている。明治に神仏分離するまでは、隣接する多聞院が長く別当を務めた。

甘糟氏は相模平氏出身の一族で、室町期には上杉氏、後に玉縄城主北条氏の家臣を務めた一族。長俊は神仏への信心が篤く、永禄十年（一五六七）には常楽寺の文殊菩薩像の修理も行っている。

末社の金刀比羅社は崇徳天皇を祀っている。寛永二年（一六二五）

金刀比羅社

に甘糟時綱が境内に移したとされる。

祭神 日本尊命《やまとたけるのみこと》

例祭 九月二十四日に近い日曜

境内社 金刀比羅社

神事芸能 鎌倉神楽、子供神輿渡御（例祭）

小百科 甘糟氏の事跡を示すものに大船駅西側、柏尾川戸部橋近くの「玉縄首塚」がある。大永六年（一五二六）十二月、房州から里見軍が玉縄城に攻め入った際、戦いで命を落とした甘糟氏をはじめとする三十五名の首を埋葬したといわれる塚である。

神徳 家内安全

扁額

住所●鎌倉市大船2033
交通●大船駅東口より徒歩15分

玉縄首塚

社殿

白山神社《はくさんじんじゃ》

今泉の鎮守。源頼朝が建久二年（一一九一）に創建したとされる。もとは毘沙門堂と呼ばれた。頼朝が京都鞍馬寺を詣でた折、行基作と伝わる毘沙門天像を賜りこの地に勧請したと『相模風土記』にある。毘沙門天とは仏法を守る神で、四天王のひとつ。財宝を施す神ともされる。

室町、江戸期に幾度か再建・修理され、明治以降、村の氏神となった。

参道入口

酔亀亭天広丸の歌碑

大注連

祭神 菊理姫之命《くくりひめのみこと》

例祭 九月十八日以降の日曜

神事芸能 鎌倉神楽、神輿渡御（例祭）、大注連祭（一月八日）

　大注連祭は大注連の奉納行事で、一般に「オシメヨリ」といわれる。白山神社の守護虫とされる大百足を模した大注連が、境内入口にたつモチノキに掛けた丸太に付けられる。大注連は長さ約七メートル、太さ約二〇～三〇センチで、十二組の足がある。その年の豊作と日々の安寧が祈願される。

宝物 木造毘沙門天立像（県文）、木造毘沙門天立像及び両脇侍立像（市文）等（御開帳は例祭日のみ）

小百科 参道入口に江戸時代の狂歌師酔亀亭天広丸の歌碑がある。天広丸は宝暦六年（一七五六）、今泉に生まれた。

神徳 縁結び、勝運、福寿増長

住所●鎌倉市今泉3-13-20
交通●大船駅東口よりバス鎌倉湖畔循環、地蔵前行白山神社前下車徒歩3分

ミニ百科

注連縄《しめなわ》
～神の領域を示すしるし

　神社や神棚などに張りめぐらされる注連縄は、そこが立ち入ってはならない神聖な場所、「神域」であることを示すしるしだ。『古事記』には「岩戸から出られた天照大神がふたたびそこへ入ってしまわぬよう尻《しり》久米縄《くめなわ》を引き渡した」との記述があるが、この尻久米縄こそ注連縄の語源とする説もある。大根注連《だいこんじめ》、牛蒡注連《ごぼうじめ》などいくつか種類があるが、新しい稲藁を左綯《ひだりな》いにしてつくるのは同様である。
　注連縄には紙垂《しで》を垂らすのが習わしだが、これは縄をより目立たせて、そこから先が聖域であることを知らしめるためとされる。四垂《よたれ》と呼ばれる四つの紙垂の間に、藁を三筋・五筋・七筋ずつ垂らすこともあるが、注連縄を七五三縄と表記するのはこのためである。

社殿

稲荷神社（岩瀬）
いなりじんじゃ

岩瀬の鎮守。五柱の神を祀っていることから「五社」「五所の宮」「五所明神」などともいわれる。

社伝によれば、建久年間（一一九〇〜一一九九）岩瀬与一太郎が創建したという。与一太郎は常陸国（茨城県）佐竹氏の家人。源頼朝が佐竹氏を討ったとき、その武勇が買われ御家人にとりたてられ、当地に封ぜられた。これが岩瀬という地名の起こりとされる。

天明二年（一七八二）の再建棟札には、栗田源左衛門という人物が中心となり、飢饉を乗り切るため社殿を再建したとある。それが今に残る社殿である。

祭神 保食神《うけもちのかみ》、大己貴神《おおなむちのかみ》、太田神《おおたのかみ》、倉稲魂神《うかのみたまのかみ》、大宮姫神《おおみやひめのかみ》

例祭 八月最終週の土日

境内社 末社・平島弁財天

神事芸能 鎌倉神楽、神輿渡御（例祭）

宝物 江戸期の絵馬　等

小百科 岩瀬の山中に「木船大明神」という与一太郎を祀る祠がある。

神徳 家内安全、商売繁昌、病気平癒

住所●鎌倉市岩瀬1399
電話●0467（47）4798
交通●大船駅東口よりバス天神橋行鎌倉女子大前下車徒歩1分

社殿内

平島弁財天

庚申塔

ミニ百科

道祖神と庚申塔
～いにしえの民間信仰の名残

道祖神は古くから崇められる民間信仰で、賽ノ神《さいのかみ》、道陸神《どうろくじん》、衢神《ちまたのかみ》ともいう。『日本書紀』（養老四年〈七二〇〉）には岐神《ふなどのかみ》とある。

峠や辻、村境の道端にあって、悪霊や疫病を防ぐとされた。多くは石造りの神体で、「道祖神」と文字を刻んだもの、男女二体を浮き彫りしたものなどがある。

中国の道教では、庚申の日に眠ると三尸《さんし》という虫が体から抜け出して天帝に罪過を報告し、その結果死ぬと信じられたので、その夜は徹夜せよと説かれた。信仰は貴族や武家を経て民間へと広がり、やがてサルを神の使いとする山王信仰と結びついて、供養の庚申塔が多く建てられた。後に青面金剛が本尊となると、信者の集団が豊作祈願する庚申講が流行った。

神明神社（岡本）

しんめいじんじゃ

岡本の鎮守。社歴は不祥だが、五穀豊穣と村民の安穏の社として崇敬されてきた。神明造の社殿には神輿が祀られている。地元では「神明さま」「お伊勢さま」と親しまれている。

石段と社殿

祭神 天照皇大神《あまてらすすめおおかみ》、伊邪諾尊《いざなぎのみこと》

例祭 四月十七日に近い日曜

小百科 社に近い谷戸池は古くからの灌漑用水池。池のそばには子育地蔵を祀る地蔵堂がある。子どもの健康や学業成就など、今も信仰を集めている。

神徳 家内安全

境内に立つ石碑

住所●鎌倉市岡本2-6-24
交通●大船駅西口より徒歩10分

御霊神社（梶原）

ごれいじんじゃ

境内入口

梶原の鎮守。社伝では建久元年（一一九〇）の創建とされる。この地は祭神・鎌倉権五郎景政を祖とする梶原氏に縁が深いことから祀られたという。『相模風土記』には、景政夫婦の像と伝わる二体の木像を御神体とし、梶原景時の像も安置されていた、とある。

境内には五輪塔や庚申塔など石塔が多数ある。初めは葛原岡に創建されたとか、坂ノ下の御霊神社はこの社から移されたものともいわれる。狛犬は日露戦争の凱旋を記念して造られ、奉納された。

祭神 鎌倉《かまくら》権五郎《ごんごろう》景政《かげまさ》
例祭 九月十七日に近い休日
神事芸能 湯立神楽、神輿渡御（例祭）
神徳 家内安全

住所●鎌倉市梶原1-12-27
交通●湘南モノレール湘南深沢駅より徒歩3分

境内の石塔群

鳥居

諏訪神社（植木）
すわじんじゃ

植木、岡本、城廻の鎮守。永正九年（一五一二）に北条早雲が玉縄城築城の際に勧請、守護神として祀ったのが始まりという。

北条氏綱、綱成、氏勝ら代々の城主の崇敬を集めたが、元和五年（一六一九）に玉縄城が廃された後、村人の手により現在地に移された。そのとき、鎌倉権五郎景政を祀る関谷の御霊社と合祀された。鳥居に掲げられた「諏訪・御霊両大神」の扁額が、その歴史を語っている。

社は農業の神として村びとに信仰されてきた。

祭神 建御名方神《たけみなかたのかみ》

例祭 八月二十七日

小百科 社は玉縄城でもっとも高い平場である諏訪壇に祀られていた。諏訪壇は海抜約八〇メートル、長さ約三〇メートル、幅約一五メートルほどの方形の平地で、大船の町並みが一望できる。

神徳 勝運、家内安全

社殿

住所●鎌倉市植木96
交通●大船駅西口より徒歩20分

扁額

ミニ百科

〈社のルーツ〉

諏訪神社
～勇壮な御柱祭で知られる武神

全国に一万社以上あるといわれる諏訪神社。その総本山は長野県諏訪湖畔にある諏訪大社である。二社四宮という特殊な形態で知られる。祭神は上社が建御名方神《たけみなかたのかみ》、下社が八坂刀売神《やさかとめのかみ》とされる。

『古事記』によれば、大国主命《おおくにぬしのみこと》の次男・建御名方神は国譲りの交渉にきた建御雷之男神《たけみかづちのをのかみ》に抗った末敗れ、逃れた諏訪から一歩も出ぬことを誓って、この地に鎮祭された。神職のうち重要なものは、建御名方神の末裔とされる諏訪氏によって占められ、代々世襲された。鎌倉時代になると農耕神、狩猟神、武神として武士の信仰を集め、全国へ広まった。七年ごとに十六本の柱を立てる御柱祭《おんばしらまつり》はその勇壮さで知られる。

社殿

天満宮

てんまんぐう

上町屋の鎮守。社伝では天慶年間（九三八〜九四七）、藤沢村岡在上総介平良文が霊夢により天神を祀ったのが始まりとされる。境内社三社が祀られているが、それらの祠は明治初期、江戸を離れこの地に来た大工が申し出て造ったものという。

社殿は天明元年（一七八一）の再建、石造鳥居は天保十一年（一八四〇）の建立。寛文十年（一六七〇）銘の庚申塔は市の文化財に指定されている。

鳥居

祭神 菅原道真《すがわらのみちざね》
例祭 一月二十五日
境内社 梅王社、松王社、稲荷社
神事芸能 鎌倉神楽（例祭）
宝物 石造庚申塔（寛文十年〈一六七〇〉銘・市文）
小百科 社はかつて隣地の寺院泉光院が管理していた。正月、泉光院から御幣を受けて祀る習わしは今も続いている。

神徳 学業成就、農業（産業）の守護

稲荷社

庚申塔

住所●鎌倉市上町屋616
交通●湘南モノレール湘南町屋駅より徒歩10分

ミニ百科
〈社のルーツ〉
天満宮
～菅原道真を祀る社

農耕に必要な雨を降らせる一方、時に天災地変をもたらす天上の神を人々は畏れ崇めた。これが天神信仰の始まりである。それがのちに雷神信仰となり、平安時代以降は菅原道真の御霊に対する信仰となった。

醍醐天皇の右大臣として重用されていた菅原道真は延喜元年（九〇一）、左大臣藤原時平《ふじわらのときひら》の讒言により大宰府へ左遷。その地で没した。その後、都では度々落雷があり、それを道真の怨霊の祟りとみた朝廷は京都北野の天神社に霊廟を建て、霊を慰めた。道真を祀る社には北野天満宮のほかに福岡県太宰府天満宮があり、全国の天満宮、北野神社、菅原神社、天神社の多くはこの二社から勧請された。

鳥居と社殿

北野神社
きたのじんじゃ

山崎の鎮守。暦応年間（一三三八〜一三四二）、夢窓疎石が京都北野天満宮を勧請したと伝わる。貞治元年（一三六二）、円覚寺塔頭黄梅院主が再建。

村の鎮守となったのは江戸時代以降のこと。延宝年間（一六七三〜一六八一）、岩瀬村五所明神に祀られていた牛頭天王が合祀されたと『相模風土記』にある。寛政九年（一七九七）には祭日や神楽など定められ、それらは現在も受け継がれている。

菅原道真没後一〇〇〇年にあたる明治三十五年（一九〇二）三月には盛大な式典が行われた。平成

例祭での鎌倉神楽

神明宮

宝篋印塔

十四年（二〇〇二）には一一〇〇年祭が執り行われた。

祭神 菅原道真《すがわらのみちざね》、素盞嗚命《すさのおのみこと》（相殿）

例祭 九月二十五日

境内社 末社・神明宮

神事芸能 鎌倉神楽（例祭）、神輿渡御（七月二十日。山ノ内八雲神社と行合祭）

宝物 石造宝篋印塔（市文）。高さ一・五メートル。応永十二年（一四〇五）建立。四方に薬師如来、釈迦如来、阿弥陀如来、弥勒菩薩が彫られた珍しい作である。

小百科 社が鎮座する山を天神山という。東側山腹には遺跡があり、縄文・弥生式土器や土師器などが出土している。

神徳 学業成就、農業（産業）守護、除災招福、必勝招来

住所●鎌倉市山崎736
交通●大船駅東口よりバス手広車庫行、津村行、江の島行山崎下車徒歩5分

境内入口

駒形神社

こまがたじんじゃ

寺分の鎮守。祭神は駒形大神《こまがたのおおかみ》だが、地元では古くから瓊々芸命《ににぎのみこと》を祀ると伝わる。農業の守護神として崇められ、治承年間（一一七七〜一一八一）、大庭景親は天候不順が止むよう代参を遣わし祈願したという。『相模風土記』には、かつては東光寺の管理下にあったことが記されている。

境内のやぐらに文政五年（一八二二）造の弁財天像が祀られている。一角には、富士信仰（富士山を御神体とみなす山岳信仰）の名残を示す富士浅間神社の角塔も建っている。

祭神 駒形大神《こまがたのおおかみ》

例祭 十月第一日曜

神事芸能 正月に初穂を串にはさみ神前に捧げる儀式が大正期まで行われていた。

宝物 中国風木造人形七体、木造の馬

小百科 本殿は天保十四年（一八四三）に再建されたもの。

社殿

やぐらに祀られている弁財天像

神徳 農業守護、産業振興

富士浅間神社の角塔

住所●鎌倉市寺分1-10-12
交通●湘南モノレール湘南深沢駅より徒歩5分

ミニ百科

〈社のルーツ〉

駒形神社

～蝦夷征伐を助けた馬の守護神

駒形という社名をもつ神社は、東北から関東にかけて多く分布する。これは、東北地方の一帯（特に岩手・宮城）が名馬の産地であるため、馬の守護神とされる駒形神社が多いものと考えられる。

本源とされるのは岩手県水沢市に鎮座する駒形神社（この社は里宮で、奥宮は駒ケ岳山頂にある）。社伝では景行天皇四十年（一一〇）、日本《やまと》武尊《たけるのみこと》が東夷平定のため天《あまて》照大神《らすおおかみ》、置瀬命《おきせのみこと》、彦火火出見尊《ひこほほでみのみこと》、天常立尊《あめのとこたちのみこと》、吾勝命《あかつのみこと》、国狭槌命《くにのさつちのみこと》を勧請したことに始まるとされる。

延暦年間（七八二～八〇六）には坂上田村麻呂が蝦夷征伐の戦勝祈願をしたとの伝承があり、駒形神を馬の守り神とする起源となった。

駒形神を馬頭観世音菩薩の垂迹、あるいは同一とする見方もある。

＊おやしろ雑学帖③＊

お札・お守り

—神符と護符は「神のしるし」—

お札とお守りは、「神のしるし」といえる。

お札は正式には「神符《しんぷ》」という。紙片や木片に神の名前や神であることを記した文字が書かれたもので、家の出入り口にはったり、神棚に祀る。

お守り

そのルーツは、はっきりしない。『源平盛衰記』にも登場し、平安時代の末期から広く知られるようになった熊野三山の牛王宝印《ごおうほういん》札（裏には神仏への誓いを書きこめるようになっていた）や、『吾妻鏡』にも記されていて鎌倉時代の初めには既にあったことがわかる伊勢神宮の神符（神宮大麻《じんぐうたいま》）などが、ほかの神社にも取り入れられ、お札は全国の神社に広まっていったのではないかとされる。

一方、お守りは、「護符《ごふ》」（守り札とも）という。神のしるしとなるものや小さな紙、木片に社の名前や神の名を書いて袋に入れたり、肌身につけて神の御加護、わが身の幸いや延命を願う守り神とした。やがて願いの対象は、豊作や水難除け、家庭の円満、安産祈願などへと拡大していった。現在では、交通安全、受験の合格祈願など、生活全般の願いと安全が託されるようになった。

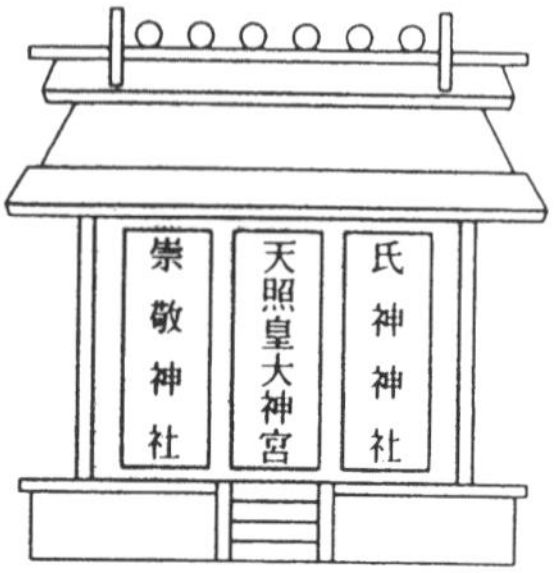

お札の祀り方

西部

西部
熊野神社
(P112)
青蓮寺
鎌倉山トンネル
笛田
三嶋神社
(P108)
八雲神社
(P106)
円久寺
常盤
子守神社
(P109)
鎌倉山
大仏切通
棟方板画美術館
鎌倉山神社
(P114)
長谷
極楽寺
長谷寺
熊野新宮
(P70)
御霊神社
(P66)
極楽寺
極楽寺
江ノ電
坂ノ下
七里ヶ浜
七里ガ浜東
県立七里ガ浜高校
七里ガ浜
国道134号
稲村ヶ崎
稲村ガ崎
稲村ガ崎

藤沢市
稲荷神社
(P111)
手広
柳小路
鵠沼
西鎌倉
西鎌倉
片瀬山
龍口明神社
(P116)
湘南モノレール
片瀬山
津西
湘南海岸
公園
目白山下
湘南
江の島
小田急線
江ノ島
片瀬海岸
片瀬江ノ島
腰越
県立鎌倉高校
七里ガ浜
腰越
鎌倉高校前
小動神社
(P118)
江島神社
(P124)

社殿に続く石段

八雲神社（常盤）

やくもじんじゃ

社伝によれば、治承年間（一一七七〜一一八一）梶原景時の領地であったこの地に除災を祈願して建立された。のち、常盤の鎮守。慶長年間（一五九六〜一六一五）に矢沢与左衛門光広という人物が熊野社を勧請し、八雲神社に合祀した。

かつては天王社とも呼ばれ、次のような伝説も残る。――昔、梶原にあった「加護社」の御神体が大雨で流された。それを見つけた農民が山に祀り、麦飯を供えたのが起こり――というものである。参拝のとき「常盤の天王麦天王竹の子びしゃくで水かけろ」と唱えるしき

例祭

たりがあるのは、この伝説による。

御嶽神社、諏訪神社とともに村の鎮守だったが、明治の中頃に合祀され現在地に建立された。

祭神 素盞嗚命《すさのおのみこと》、速玉之男命《はやたまのおのみこと》、伊弉冉命《いざなみのみこと》

例祭 七月第一日曜から七日間

境内社 稲荷社

神事芸能 神輿渡御（例祭）

宝物 神輿

小百科 常盤一帯には、鎌倉幕府七代執権北条政村の別邸があった。政村は常盤殿とも呼ばれた。「北条氏常盤亭跡」は国史跡となっている。

神徳 除災招福、農業守護、産業振興、良縁成就

住所●鎌倉市常盤534
交通●鎌倉駅西口市役所前よりバス桔梗山行、山の上ロータリー行八雲神社前下車

境内の石祠

社殿

ミニ百科

神輿
～神々の乗り物

音読みして「しんよ」とも呼ばれる神輿は、神幸祭に際し御神体あるいは御霊代を納める輿のことで、文字通り「神の乗り物」である。

神輿は一般に黒塗りもしくは朱塗りの木製で、大まかには台・胴・屋根の三つの部分から成る。形状には四角・六角・八角などあり、屋根中央には鳳凰あるいは鵜鳥、葱花などの飾りが置かれる。

正確な起源は定かではないが、奈良大仏建立の折に、宇佐八幡大神が紫色の神輿に乗って入京したという伝承がある。

文化財として知られるものは誉田《こんだ》八幡宮《はちまんぐう》（大阪府）所蔵の塵地螺鈿《ちりぢらでん》金銅装神輿《こんどうそうみこし》（国宝）。変わったところでは北野天満宮の、里芋の茎で屋根を葺き、野菜や花などで装飾した瑞饋《ずいき》神輿がある。

三嶋神社

みしまじんじゃ

笛田の鎮守。大庭景親が再建したとされる。景親は源頼朝挙兵の際に平氏の大将をつとめた武将。もとは谷ひとつ隔てた宮ヶ崎という地にあったが、「水上に祀れ」との神託で笛田川上流の萩郷に移され、その後、現在地に遷座されたという。

社のそばに湧く泉が田を潤したことから、村人は篤く信仰したともいわれる。

鳥居と石段

社殿

祭神 大山津見命《おおやまつみのみこと》

例祭 十一月第二日曜

小百科 社に近い日蓮宗仏行寺《ぶつぎょうじ》の僧が正月三が日に経をあげ、一月十五日には神前で題目を唱える習わしがある。

神徳 農業守護、産業振興

住所●鎌倉市笛田3-31-1
交通●鎌倉駅東口よりバス深沢・手広方面藤沢駅行梶原口下車徒歩10分

子守神社

こもりじんじゃ

社殿

鳥居

笛田打越区の鎮守。かつては蔵王権現社と称する社で、古くから「山の神」「産神」として崇められた。『相模風土記』には蔵王社は仏行寺が管理していたとある。

打越の住民が増えて一地区として形成されるとともに、新たな鎮守を祀ろうとの気運が生じ、昭和二十一年（一九四六）五月、改称され鎮守となった。その後社殿を改修、境内を整備し、子育ての神として地元近隣の崇敬を受けている。

祭神 子守大神《こもりのおおかみ》

例祭 九月第一日曜

神徳 子育ての守り神、農業守護、産業振興

住所●鎌倉市笛田5-34-6
交通●鎌倉駅東口よりバス深沢・手広方面藤沢駅行火ノ見下下車徒歩3分

＊おやしろ雑学帖④＊

参拝の作法

——心身清め「二拝二拍手一拝」——

神社参拝の基本は、身も心も穢れを祓い、清め、神を招いてその願いを告げ、その意に耳を傾けることにある。神社に必ず手水舎があるのは、参拝にあたり、まず心身を祓い、清めるためだ。手水の正しい作法は、次の順序で行う。

①左手を清める（清水を右手で杓に取り、左手を洗う）。

②右手を清める（左手を清めるときと同じようにする）。

③そして、杓を右手に持ち、左の手のひらに清水を受けて口をすすぐ。すすぎ終わったら左手を清水で清める（口をすすぐ時、杓には直接、口をつけない）。

④杓の柄を立てて水を流し、柄をきれいにする。杓を置き場所に伏せて置く。

荏柄天神社

拝礼の際の作法は「二拝二拍手一拝」が基本だ。

①直立の姿勢から腰を九〇度に折り（背はまっすぐ）、頭を下げる（これを二回＝二拝）。

②右手を少し引いて（左手の指先が右手の指先の上に出るように）、両の手のひらを胸の高さで合わせる。そして拍手を二回（二拍手）。

③今度は、両手をきちんとそろえて祈る。

④手を下ろして、①同様、一回、拝礼（一拝）する。より丁寧には、拝礼の前後に上半身を十五度に折り曲げる会釈（揖《ゆう》）をする。

稲荷神社（手広）

いなりじんじゃ

三十番神宮ともいわれる。「三十番神」とは一ヶ月三十日間、交替して国を守るとされる神のこと。戦国期、玉縄城主北条氏家臣・島村氏が晩年に津に移り住んだ際、守護神として祀ったのが始まりという。殿内厨子には三十体の三十番神像が祀られている。例祭では笛田仏行寺の住職が経をあげる習わしがある。

社殿

祭神 倉稲魂命《うかのみたまのみこと》
例祭 十月九日並びに一月三十一日
神徳 家内安全、商売繁昌

鳥居

「三十番神宮」の扁額

住所●鎌倉市手広1412
交通●鎌倉駅東口よりバス深沢・手広方面藤沢駅南口行手広下車徒歩3分

社殿

熊野神社（手広）

くまのじんじゃ

手広の鎮守。かつては青蓮寺支院宝積院が管理していた。本地仏は如意輪観音だったという。宝積院が廃寺となり史料が散逸したため詳しい社歴は判っていない。

今に伝わる数少ない史料が社蔵の棟札で、それによると慶安元年（一六四八）、万治元年（一六五八）、天明八年（一七八八）に時の領主が社殿を修理している。

祭りの日に拝殿正面の鰐口を鳴らすと、「ドンドン」と音がして神様が出てくるという伝説がある。その昔、社殿に棲みついた貂が鰐口の音に驚いて音をたてたため——というのが伝説の由来である。

祭神 伊弉冉命《いざなみのみこと》、事解男神《ことさかのおのかみ》、速玉《はやたまの》男神《おのかみ》

例祭 一月二十八日

神事芸能 湯立神楽（例祭）。七月最終もしくは八月最初の日曜に神輿渡御

参道

住所●鎌倉市手広779
交通●大船駅よりバス江の島行、津村行鎖大師下車徒歩2分

扁額

境内

ミニ百科

三種の神器
～皇位継承の証

三種の神器とは、八咫鏡《やたのかがみ》、天叢雲剣《あめのむらくものつるぎ》、八尺瓊曲玉《やさかにのまがたま》のこと。

この三つは、天照大神《あまてらすおおかみ》の孫である瓊瓊杵尊《ににぎのみこと》が葦原の中国、つまり日本列島に降臨した際に、天照大神から授かったものとされる。

天皇家の始まりとされるこの神話に登場する神器は、八尺瓊曲玉だけが神璽《しんじ》として宮中に安置されているほかは、八咫鏡が伊勢神宮、天叢雲剣（草薙剣《くさなぎのつるぎ》）が熱田神宮に、それぞれ御神体として祀られている。宮中に安置されている神鏡は、第十代崇神天皇の御世に八咫鏡を模してつくられたものである。

三種の神器は皇位の証として天皇家に代々継承されている。

社殿

鎌倉山神社

かまくらやまじんじゃ

鎌倉山の鎮守。近世、一帯を開発した際に笛田の鎮守三嶋神社の分霊を祀ったのが始まりという。通称「山の神」と呼ばれ、崇められた。当地が住宅地として造成されるに伴い、昭和十年(一九三五)、社殿が改築され、現在名に改称された。

社殿には釈迦や摩利支天の像などが安置されている。以前は他にも多くあったが、三嶋神社に移された。

鎌倉山桜並木

例祭

祭神 大山津見命《おおやまつみのみこと》

例祭 八月八日

宝物 近衛文麿書の御神号額

小百科 鎌倉山は日本初の丘陵式住宅地として造成され、昭和三年（一九二八）に分譲が開始された。同年八月に開通した大船と江の島を結ぶ道路も日本初の有料自動車道だった。常盤口から鎌倉山ロータリーに至る桜並木は花見の名所で知られる。

神徳 農漁業の守護神

参道

住所●鎌倉市鎌倉山2-27-11
交通●鎌倉駅東口よりバス鎌倉山行旭ヶ丘下車徒歩10分

ミニ百科

絵馬
～生きた馬の代替品

祈願成就のため神社へ供物を献上することは、古代からの習わしであった。神馬として生きた馬を献じていたものが、後の時代になると神馬を絵に描いた額を奉じるようになった。これが絵馬の始まりである。

この習慣が一般に広まるのは鎌倉時代に入ってからで、馬以外の狐や蛇など、神社の祭神に由縁のある動物を描いたものも現われた。江戸時代になると図柄は多様化し、花鳥風月や人物、風俗の図も描かれた。もともとは額の形をしていたものが、やがて屋根型になり、屋根の部分に庇が設けられるなどの変化を遂げた。

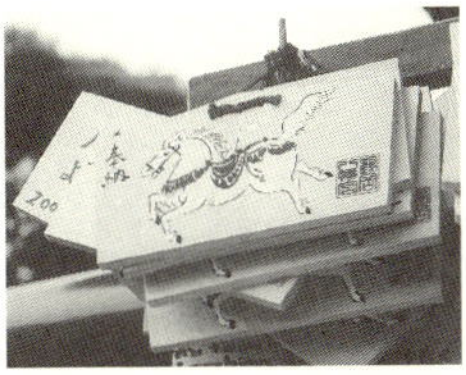

社殿

龍口明神社《りゅうこうみょうじんしゃ》

津の鎮守。欽明天皇十三年（五五二）の創建と伝わる。もとは龍口寺隣にあったが、境内が藤沢片瀬の飛地であり、氏子の要望もあったことから、昭和五十三年（一九七八）に現在地に移された。

縁起によれば、江の島弁財天の霊感に降伏した、深沢に棲んでいた五頭龍を祀ったのが始まりという。このような伝説から、江島神社とは夫婦神社とされている。

経六稲荷神社

祭神　玉依姫命《たまよりひめのみこと》
例祭　十月第一または第二土日曜
境内社　経六稲荷神社
神事芸能　六十年に一度行われる江島神社の大祭の際には、故事にちなみ、神輿が江の島に渡るのが習わしとなっている。
小百科　五頭龍の伝説は、深沢から龍ノ口に至る山の景観が龍に似ていることから生まれたともいわれる。
神徳　家庭円満、勝運守護

手水舎

住所●鎌倉市腰越1548-4
電話●0467（32）0833
交通●湘南モノレール西鎌倉駅より徒歩5分

参道入口

西部

ミニ百科
おみくじ ～神意を占う呪術的行為

おみくじ（御神籤、御神鬮）といえば、現在では参拝者が吉凶を占うために引くくじのことだが、古くは神意を占う儀式であり、容易には決められない事項を決定するための呪術的行為であったとされる。何かを選択する際は、選択肢を書き記した紙を三方に置いた上で御幣をはらい、その中から舞い上がったものを選んだ。この方法は集落の祭礼を司る頭屋を決めるときや、新生児の名前をつける際にも用いられた。なお、おみくじの「鬮《くじ》」という字は亀卜《きぼく》（亀の甲羅を焼いた裂け目で吉凶を判じる占い）の名残を示す文字である。

社殿

小動神社
こゆるぎじんじゃ

社の建つ岬一帯は小動崎。地名は「小動の松」という、風もないのにゆれる美しい松の木がこの地にあったという伝説にちなむ。文治年間（一一八五～一一九〇）、江の島詣での折に訪れた佐々木盛綱がその松に魅了され、父祖の領地近江国の八王子宮を勧請したのが始まりとされる。盛綱は葉をゆらせて琴のような音を奏でる松を「天女遊戯の霊木」と称えたという。元弘三年（一三三三）五月、新田義貞も鎌倉攻めの際に戦勝祈願し、後、報賽として太刀一振に黄金を添えて寄進し、社殿を再興した。八王子宮とは、須佐之男命の御子神五男三女神をいう。また、牛頭天王（須佐之男命）、歳徳神、日本武尊の三神を祀ることから江戸時代、小田原城主大久保忠真は「三神社」の扁額を揮毫し奉納した。

　明治元年（一八六八）、神仏分離で小動神社と改称。同六年（一八七三）には腰越区の鎮守として村社に列格された。関東大震災で江戸期建立の本殿が倒壊したが、昭和四年（一九二九）に復興された。

境内入口

祭神 建速須佐之男命《たけはやすさのおのみこと》、建御名方神《たけみなかたのかみ》、日本武尊《やまとたけるのみこと》、歳徳神《としがみ》（相殿）

例祭 一月十六日

境内社 海神社、稲荷社、琴平社、第六天社

神事芸能 湯花神楽（例祭）、天王祭の神輿渡御（七月十四日）

　天王祭は江の島八坂神社神輿との出合祭も行う大規模なもの。氏子五カ町から出る囃子屋台で賑わうなか、神輿は海岸から町一帯を巡り、片瀬龍口寺前で八坂神社の神輿を迎える。その後、小動神社前に両社の神輿が据えられ、互いの宮司が相手方の神輿に玉串を奉り拝礼する。かつては各町から飾人形の付いた山車が繰り出し、そのため腰越の路面を走る江ノ電の架線は取り外されたという。

宝物 神輿、刀（銘則光）、青磁唐獅子　等

小百科 小動崎は作家太宰治が心中未遂事件を起こした場所で知られる。太宰は後年、その事件を素材に小説「道化の華」を書いた。

神徳 悪災除、国土開発、五穀豊穣

稲荷社

境内からの眺め

住所●鎌倉市腰越2-9-12
電話●0467（31）4566
交通●江ノ電腰越駅より徒歩5分

＊おやしろ雑学帖⑤＊

建物――まず拝殿　正殿は神の家――

神社の中心となる建物は、神を奉安する「正殿」（神殿）だ。正殿は人が家に住むように、神にも住まいが必要だという考えのもとに生まれた。『日本書紀』「神代巻」に、杵築社（のちの出雲大社）の造営について、太くて高い柱をコウゾの縄で結んだ――などの記述がある。神社の建築様式には、春日造、権現造はじめ多様なスタイルがあるが、一般的には正殿の造りを指していう。正殿に対して、仮に御神体を奉安する建物を「権殿」と呼ぶ。

鶴岡八幡宮若宮拝殿

　正殿の前面にあるのが「拝殿」（礼殿）だ。神を祀り拝礼するためのものであることは、その文字によってもわかる。神に願いをとどけ、神意を聞くという神社誕生のいわれから、拝殿は正殿に先んじて造られたのではないかとされる。それは、たとえば、現在の神社の「原型」といわれる大神神社（奈良県桜井市）に、拝殿はあっても正殿がないことからもうかがえる。また、「幣殿」は正殿と拝殿の中間にあって幣帛《へいはく》（神前に捧げるものの総称）を奉奠するための建物だ。

　神社には、「舞殿」（神前で舞楽を行う）、「神楽殿」（神楽を奏するための建物）、「御饌殿」（神に捧げる飲食物をととのえる施設）、祝詞殿（祝詞を奏上するためのもの）などを設けているところもある。

鶴岡八幡宮舞殿

周辺

周辺

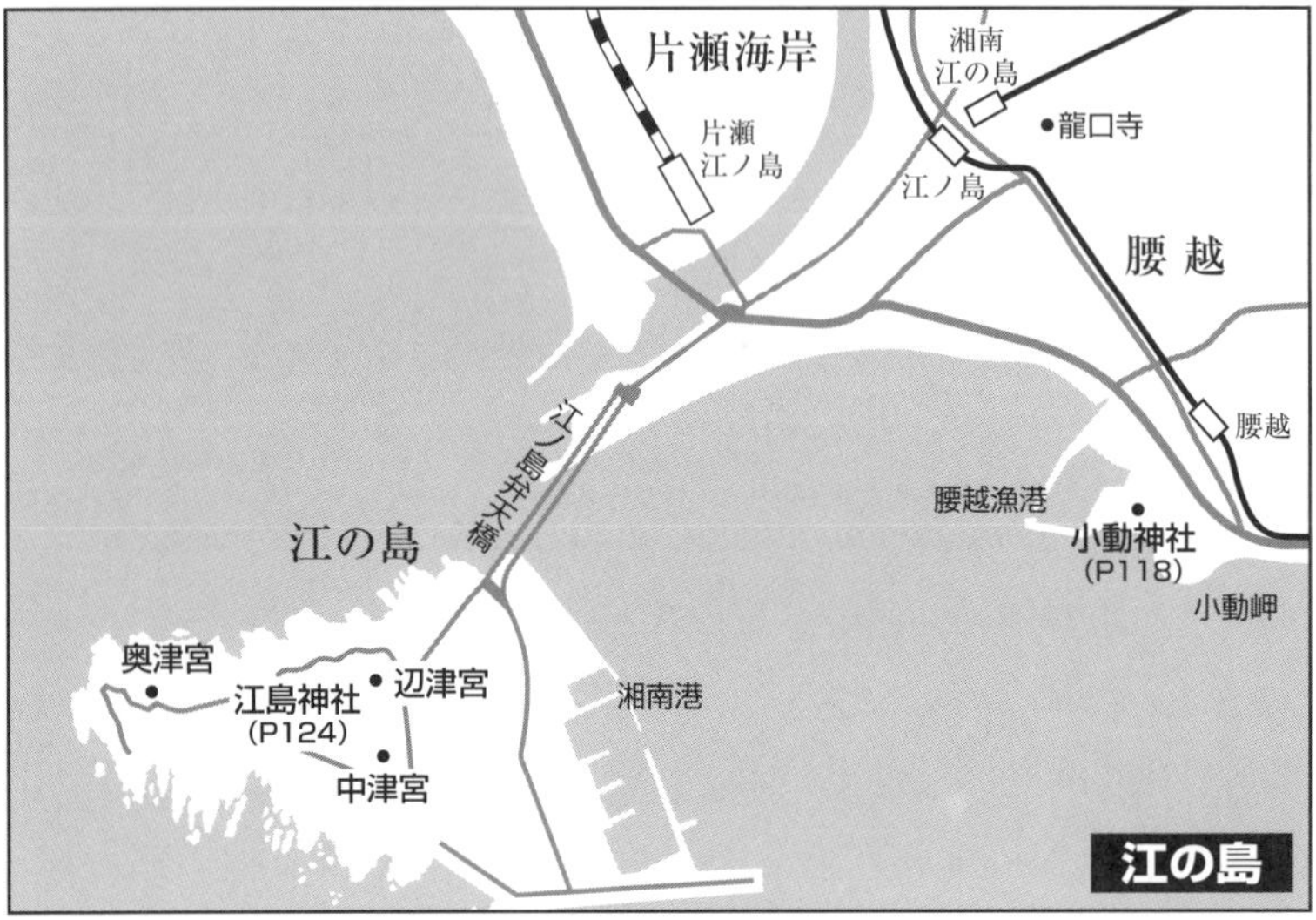
片瀬海岸
湘南
江の島
龍口寺
片瀬
江ノ島
江ノ島
腰越
腰越
江ノ島弁天橋
江の島
腰越漁港
小動神社
(P118)
小動岬
奥津宮
江島神社
(P124)
辺津宮
中津宮
湘南港
江の島

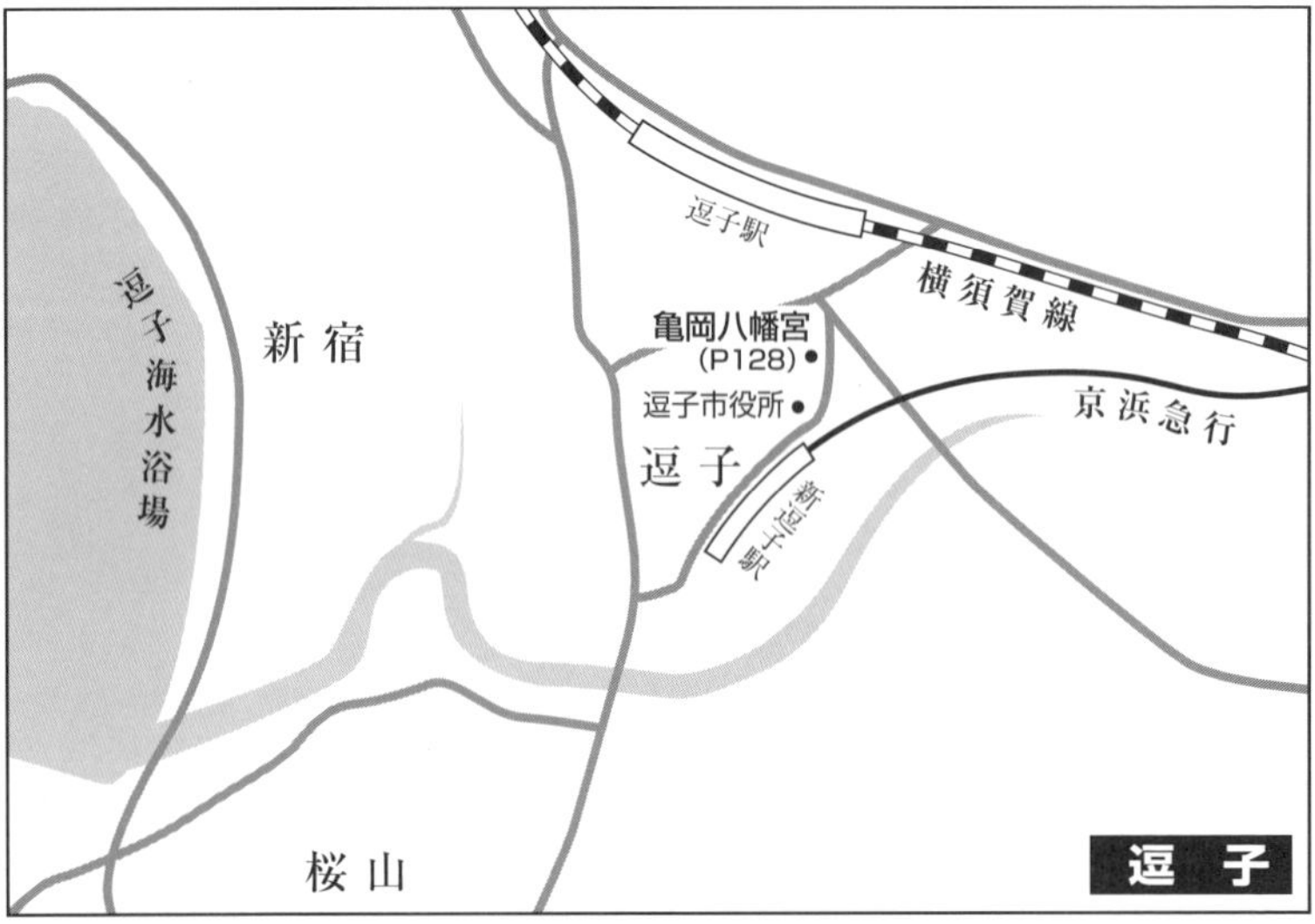
逗子駅
横須賀線
亀岡八幡宮
(P128)
逗子市役所
新宿
逗子海水浴場
逗子
京浜急行
新逗子駅
桜山
逗子

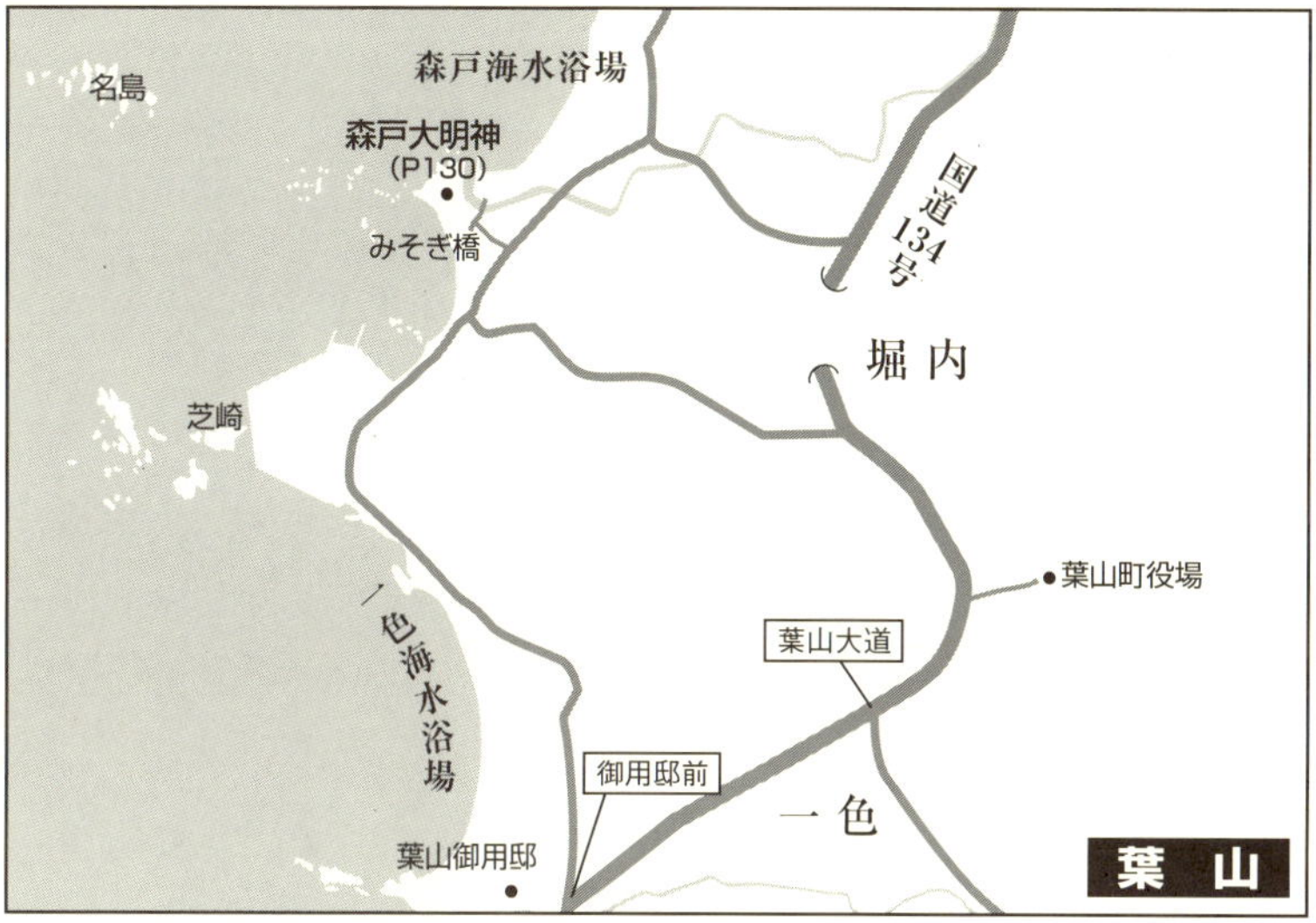

葉山
名島
森戸海水浴場
森戸大明神
(P130)
みそぎ橋
国道134号
堀内
芝崎
葉山町役場
一色海水浴場
葉山大道
御用邸前
一色
葉山御用邸

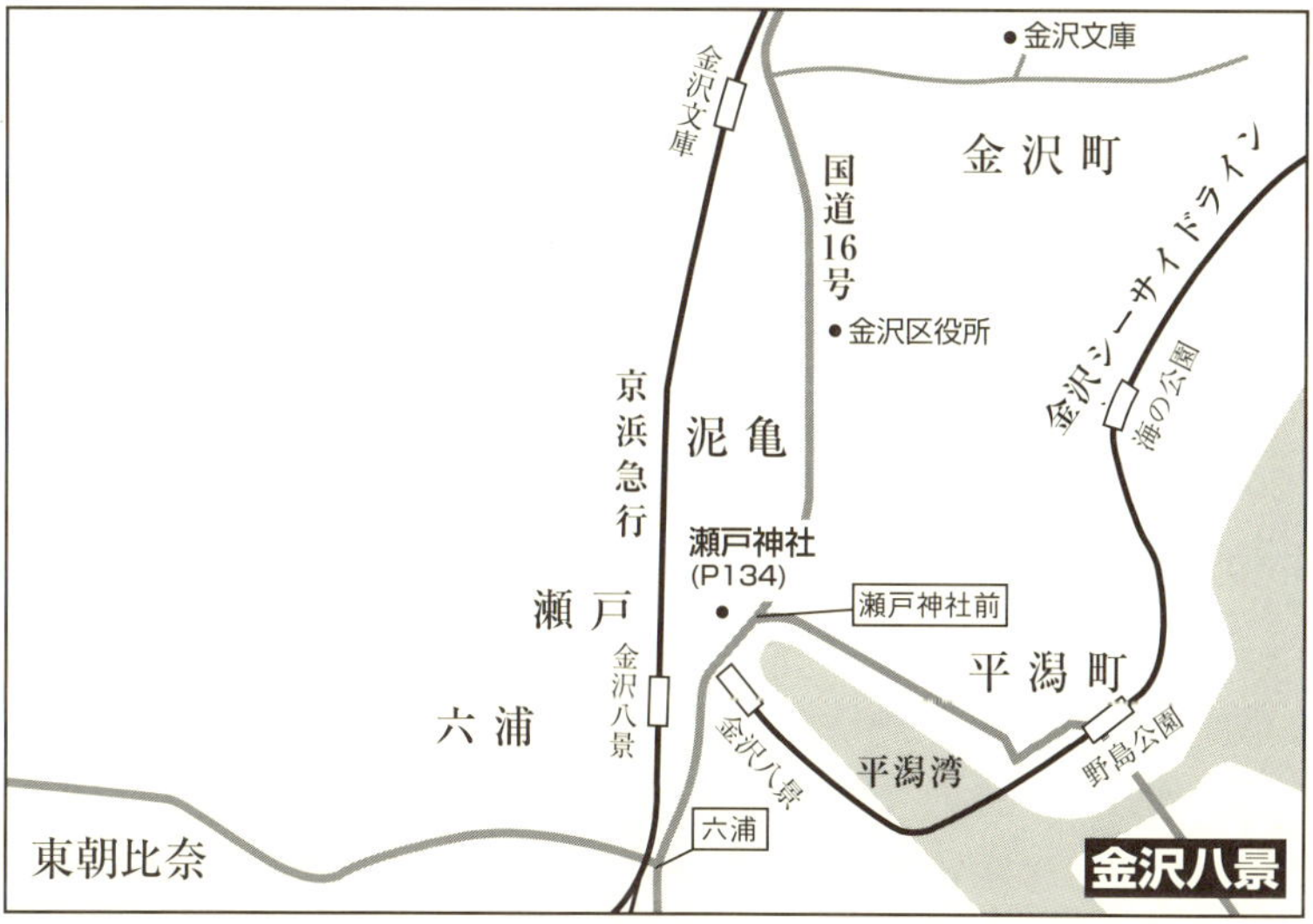

金沢八景
金沢文庫
金沢文庫
金沢町
国道16号
金沢シーサイドライン
金沢区役所
海の公園
京浜急行
泥亀
瀬戸神社
(P134)
瀬戸神社前
瀬戸
平潟町
金沢八景
六浦
金沢八景
平潟湾
野島公園
六浦
東朝比奈

妙音弁財天像

江島神社（藤沢市）

えのしまじんじゃ

江の島に鎮座する。社伝によれば欽明天皇十三年（五五二）四月の創建という。奥津宮《おくつのみや》、中津宮《なかつのみや》、辺津宮《へつのみや》の三社から成り、それぞれ女神を祀る。

三女神はかつては「江島明神」と呼ばれ、海運、漁業、交通の守護神として崇敬を集めた。神仏習合により江島弁財天として信仰されるようになり、海の神、水の神、財宝を招き技芸上達にも功徳のある神として崇められた。

奥津宮はもと本宮（岩屋）の御旅所で壮麗な社殿を誇っていたが、天保十二年（一八四二）に焼失、翌十三年に再建された。現在

奥津宮

辺津宮

中津宮

の社殿はそのときのもの。拝殿天井に描かれた江戸時代の絵師酒井抱一による「八方睨みの亀」はよく知られる。

中津宮は仁寿三年（八五三）創建。境内には江戸期の石燈篭などが多数奉納されており、その時代の信仰心の深さを語っている。社殿は平成八年（一九九六）に大改修され、元禄期の色鮮やかな姿が再現された。辺津宮は建永元年（一二〇六）、鎌倉幕府三代将軍源実朝により創建された。

江の島信仰の源といえるのが、島の南側にある岩屋。欽明天皇がここに社を祀ったのが始まりといわれるほか、文武天皇四年（七〇〇）に修験者が窟に参籠して神の功徳を得、その後、空海や泰澄などの僧が修行に励んだともいわれる。北条政子の父・時政（鎌倉幕府初代執権）も子孫繁栄のため窟に籠った際、龍の鱗三枚を授けられるという霊験を得、それを家紋にしたと伝えられる。

昭和初期の神社発行の略記には、岩屋の神秘的な様子がこのよ

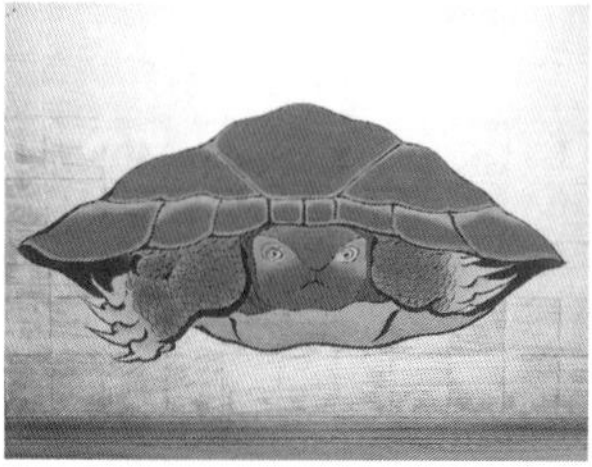

八方睨みの亀

奥津宮の源頼朝寄進の鳥居

八坂神社

岩屋入口

うに描かれている。

——透徹たる海水穴中に湛ふること数十間、桟橋を架して通行に便せり、燈を挑《かか》げ深く進むに従ひて、漸く狭く、中程にして左右二途に岐る、各奥に神座あり。窟口より二町四間、これより先は深きこと限りを知らず。——

岩屋は崩落の危険から昭和四十六年（一九七一）以降閉鎖されていたが、藤沢市により整備され、平成五年（一九九三）に新たな観光スポットとして生まれ変わった。

祭神 奥津宮／多紀理毘売命《たぎりひめのみこと》、中津宮／市寸島比売命《いちきしまひめのみこと》、辺津宮／田寸津《たぎつひめ》比売命《のみこと》

例祭 四月初巳の日、十月初亥の日

境内社 八坂神社（祭神は建速須佐《たけはやすさ》之男命《のおのみこと》）、秋葉社・稲荷社（祭神は火《ほの》之迦具土神《かぐつちのかみ》・豊宇気毘売命《とようけびめのみこと》）、龍宮《わだつみのみや》

八臂弁財天像（県重文）

参道

江島縁起絵巻

（祭神は龍宮大神《わだつみのみやおおかみ》。江の島に古来より伝わる龍神信仰の伝説により祀られた）

神事芸能 八坂神社例祭（七月十四日）で行われる小動神社との行合祭は、勇壮な海上渡御で知られる。昔、腰越で祀られていた社の御神体が大波に流され岩屋に漂着し、漁師が海中から拾い上げたという故事に倣った祭りである。

宝物 江島縁起絵巻、八臂弁財天像（県重文）、妙音弁財天像、文覚上人扁額 等

小百科 妙音弁財天像は俗に「裸弁財天」ともいわれる珍しい裸像で、鎌倉時代中期の作といわれる。八臂弁財天像など宝物とともに奉安殿に祀られている。

神徳 財宝福徳、芸道上達、海上守護、交通安全

住所●藤沢市江の島2-3-8
電話●0466（22）4020
交通●小田急片瀬江ノ島駅より徒歩15分

社殿

亀岡八幡宮（逗子市）
かめがおかはちまんぐう

古くは「八幡宮」と呼ばれていたが、緩やかな傾斜をなした境内が亀の背に似ていたことから、鎌倉の「鶴岡八幡宮」に対し「亀岡八幡宮」と称するようになった。

神仏分離以前は延命寺の管理下にあり、明治六年（一八七三）、逗子の鎮守として「村社」に列格された。昔、大祭の際には延命寺にまつられた御神体を奉じて祭儀を行ったという。

大正十二年（一九二三）に現社殿が新築され、関東大震災でも全壊を免れ今日に至っている。

祭神 応神天皇《おうじんてんのう》

例祭 七月十六日

境内社 稲荷神社

稲荷社は萬栄稲荷と称し、宇賀之御《うかのみ》魂神《たまのかみ》を祀る。商売繁昌、家内安全の守護神。

神事芸能 神輿渡御（例祭）

神徳 産業文化発展、家内安全

例祭

萬栄稲荷

扁額

住所●逗子市逗子5-2-13
交通●逗子駅より徒歩2分

ミニ百科

社格
〜戦後廃止された神社の格付け

明治四年（一八七一）の太政官布告により、政府は神職の世襲制度を廃止。国家が経営する神社を官社、それ以外を諸社と称するよう定めた。官社は官幣と国幣の大・中・小社に、諸社は府社、藩社、県社、郷社、村社に分けられたが、国家による神社の格付けを「社格」といった。

明治六年（一八七三）には、歴史上の功臣を祀る神社を新たに別格官幣社とした。この別格官幣社には湊川神社や護王神社などがある。

現在も社の入口や境内に「国幣中社」「村社」などといった石柱が見られることがあるが、それは往時の名残。終戦後はすべての社格が廃止された。

社殿

森戸大明神（葉山町）

もりとだいみょうじん

永暦元年（一一六〇）、蛭ヶ小島に配流されていた源頼朝は三嶋明神を深く信仰し、源氏再興を祈願した。治承四年（一一八〇）、旗挙げに成功した頼朝は、報恩に感謝し三嶋明神の分霊をこの地に勧請したと伝えられる。

『吾妻鏡』は頼朝や実朝など将軍が参詣に訪れ、流鏑馬や笠懸、相撲等の武芸が浜で行われたと伝える。社の裏手の浜は頼朝の別館があったことから、御殿原とも呼ばれた。浜では災厄が生じると加持祈祷がさかんに行われ、七瀬祓（陰陽道の祓。七つの瀬に人形を流す）の霊所でもあったという。

千貫松

飛柏槙

総霊社

みそぎ橋

以後、源氏をはじめ三浦、北条、足利氏からも崇敬され、天正十九年（一五九一）には徳川家康が社領七石を寄進した。延宝二年（一六七四）には徳川光圀も参拝している。その昔は祭礼になると三浦半島はじめ相模湾沿岸から船を仕立てて訪れる参詣者で賑わい、社が鎮座する森戸川河口は各地からの船であふれたという。

　境内一帯は伝説をたたえる史跡、風物に富む。神木・飛柏槙《ひびゃくしん》は元暦元年（一一八四）、頼朝が参拝したときに遥か三嶋明神から種子が飛来し発芽したものと伝えられる。

　千貫松は頼朝が衣笠城に向かう途中、森戸の浜で休憩した際に岩上の松を見て「如何にも珍しき松」とほめたところ、迎えた和田義盛

神輿渡御（例祭）。神輿は船で名島へ渡る

おせき稲荷社

水天宮

が「千貫の値ありとて千貫松と呼びて候」と答えたといういわれがある。

　社と森戸海岸をつなぐ「みそぎ橋」は、浜一帯が祓いの場であったことにちなむ。

　境内裏より富士・箱根・伊豆半島を望む「森戸の夕照」は、かながわ景勝五〇選に選ばれている。

祭神 大山祇神《おおやまつみのかみ》、事代主神《ことしろぬしのかみ》

例祭 九月八日

境内社 総霊社（英霊、祖霊、水子の霊を祀る）、水天宮（子宝、安産の神様として知られる。なでると子が授かるといわれる「子宝の石」がある）、おせき稲荷社（喉に霊験があるとして信仰を集めている）。

神事芸能 草鹿（春分の日）、汐神楽（六月十六日）、神輿渡御（例祭）

　汐神楽は海の安全と豊漁を祈願して行われる。四方に竹を立て、その間に

汐神楽（右も）

ベルツ博士とマルチーノ公使顕彰碑

縄を張り、真ん中に一本竹を立てたヤマ（神を招くためのもの）をつくり、神職により湯立神楽が奉納される。山の神が参拝者に供物を撒くが、それを食べると厄除けになるという伝承がある。神楽が終わるとヤマは取り払われて海に流される。

宝物 翁面（県文）、猿田彦面、院宣（後二条院、花園院）、平政子（北条政子）銘硯箱　等

小百科 境内には葉山の歴史を語るさまざまな記念碑が建つ。明治時代、葉山を保養地として喧伝したベルツ博士とマルチーノ公使の顕彰碑、長く葉山に暮らし名誉町民となった詩人堀口大學の詩碑、昭和天皇践祚五十年の記念碑などがある。

神徳 海上安全、家内安全、商売繁昌、厄除

住所●葉山町堀内1025
電話●0468（75）6097
交通●逗子駅よりバス海岸回り葉山行12分森戸神社下車

鳥居と社殿

瀬戸神社（金沢八景）

せとじんじゃ

かつて、現在の横浜市金沢区泥亀町から釜利谷町小泉方面にいたる一帯は大きな入江で、平潟湾とは狭い水路でつながっていたため、その中心では海水が潮の干満のたびに激しく渦をまいていた。

古代の人々は、急激な水流が罪や穢れを流し去ってくれると考えたことからこの「せと」を神聖視し、海神を祀った。これが瀬戸神社の起源である。社の周辺からは、すでに古墳時代からこの地で祭祀が執り行われていたことを示す遺物も出土している。

祖霊社

琵琶島神社社殿

海に面した琵琶島神社

治承四年（一一八〇）、源頼朝は伊豆での挙兵以来崇拝していた伊豆三嶋明神（三嶋大社）をこの地に遷祀し、篤く信仰した。

遷祀後、瀬戸三嶋大明神と称されてからはさらに広く信仰を集め、延慶元年（一三〇八）には正一位の神階を受けている。その後も執権北条貞顕や関東公方足利持氏、成氏、小田原北条氏などの権力者より篤く信仰された。

慶長五年（一六〇〇）、自ら参拝した徳川家康は社領百石を寄進。元禄以降は領主・米倉丹後守などの武家はもちろん、景勝地・金沢八景の中心地として、文人や江戸庶民にまで信仰を広めただけでなく、経済面から見ても、この地が鎌倉と関東一円を結ぶ水上物流の拠点として栄える要となった。

明治六年（一八七三）には郷社に列格、戦後は宗教法人となり現在に至っている。現存する社殿は寛政十二年（一八〇〇）の建造、屋根は昭和四年（一九二九）に葺き替えられている。

元禄10年（1697）神号額

例祭

木造女神坐像

舞楽面（陵王・重文）

祭神 大山祇命《おおやまつみのみこと》、須佐之男命《すさのおのみこと》、菅原道真《すがわらのみちざね》、伊邪那岐命《いざなぎのみこと》、伊邪那美命《いざなみのみこと》、速玉男命《はやたまのおのみこと》、倉稲魂命《うかのみたまのみこと》、天照皇大神《あまてらすすめおおかみ》、猿田彦命《さるたひこのみこと》、味耜高彦根命《あじすきたかひこねのみこと》、建御名方命《たけみなかたのみこと》、木花咲耶姫命《このはなさくやひめのみこと》、菊理姫命《くくりひめのみこと》、徳川家康《とくがわいえやす》

例祭 五月十五日

境内社 琵琶島神社、右末社、左末社、祖霊社、青麻《あおそ》社

神事芸能 合祀神例祭（三月二十一日）、天王巡幸祭（七月七日～十四日）

例祭で行われる神幸祭では、神輿は境内の海中に突き出した摂社琵琶島神社まで渡御する。この神輿は、天王巡幸祭で町内を巡幸する時の神輿ではなく、「おわたり」と呼ばれるこの儀式専用のもの。神幸祭の起源は定かでないが、『足利成氏年中行事』などの文献によると、享徳三年（一四五四）にはすでに、祭礼の儀式の記録に琵琶島神社が登場している。

合祀神例祭は、明治十一（一八七八）～四十二年（一九〇九）に本社へ合祀された九つの神社の合併祭で、祈年祭

獅子頭

福石。頼朝が三嶋明神を勧請し百日の日参をした際、海水で潔斎するのに服をかけたことから「服石」ともいわれる

右末社など境内社

（春季例祭）に併せて行われる。合祀されたなかには旧祠堂が遺されている神社もあることから、それらの町内では旧祭日に今なお例祭が行われている。

天王祭の三日目の晩に行われる「三ツ目神楽」は、かつて鶴岡八幡宮に奉仕した職掌の家柄に伝承される古式ゆかしい湯立の神楽である。

宝物 神号額（元禄一年〈一六九七〉）、木造男神坐像、木造女神坐像、舞楽面（陵王、抜頭・重文）、獅子頭など

小百科 室町時代の謡曲「放下僧」は、瀬戸神社の境内で、牧野左衛門の二人の遺児が、父の仇・刀根信俊を討ったという仇討ちがテーマになっている。現場は薬師堂の近く、二本杉の辺りであると物語は伝えているが、各地からの多数の参詣者があったことが伺える。

神徳 交通安全、旅行安全、商売繁昌、縁結び、安産 等

住所●横浜市金沢区瀬戸18-14
電話●045（701）9992
交通●京浜急行金沢八景駅より徒歩2分

＊おやしろ雑学帖⑥＊

神棚
―ルーツは伊勢神宮の神宮大麻？―

神棚は一般的に、家庭にあって伊勢神宮のお札（神宮大麻《じんぐうたいま》）と信仰の対象にしている神社や氏神のお札を宮形（御神座）に納め、神を祀るものだ。マンション住まいなど増えて、神棚のない家庭も珍しくないが、これまで日本人の多くの家庭では、神棚に拝礼することで神への感謝を捧げるとともに、家族の幸福と加護、家内安全を祈ってきた。

神棚のルーツは、はっきりしない。古くは『古事記』に、伊邪那岐命《いざなぎのみこと》から御頸珠《みくびたま》を授けられた天照大神《あまてらすおおかみ》が、それを棚にあげて御倉板挙之神《みくらたなのかみ》として祀った――旨の記述がある。平安時代の末から信仰が広まった伊勢神宮は、十八世紀の後半には全国に五百万戸ともいわれる信者を獲得するまでになっていたといわれる。信者たちは、年ごとにあらたな神宮大麻を神棚に祀るようになり、それが神棚の「原点」になったという説もある。

神棚を祀るうえで適した場所は、明るく、清らかで、高いところ。家庭では居間が一般的だ。南（または、東）向きに祀るのが正しい。

また、神棚には、七夕棚、盆棚などのように、年中行事との関わりから特定の期間に限って祀られるものもある。

民の社

第六天社（山ノ内）

だいろくてんしゃ

山ノ内上町の氏神社。建長寺の鎮守神とされる。徳川光圀の『鎌倉日記』（延宝二年〈一六七四〉）には「円覚寺ヲ出テ南行シテ、第六天ノ森ヲ見ル」との記述があり、延宝六年（一六七八）の建長寺境内図にも見える。

参道入口

社殿の建立は宝永四年（一七〇七）。現存するのは、旧社殿の著しい損壊を見かねた村人の申し出で天保二年（一八三一）に再建されたもので、江戸後期としては珍しい一間社流造である。社殿内には中央に第六天、その前方に持国天、増長天、広目天、多聞天の四天王像が祀られている。

第六天は、仏教では他化自在《たけじざい》天といわれ、魔王のような力をもつとされるが、神道では第六天神、つまり六番目の神とみなされる。厄除けや方位の神として信仰され、神奈川県内だけでも一八〇を超える社で祀られているという。

庚申塔

祭神 天神七代の第六天神
例祭 七月十五日～二十二日

住所●鎌倉市山ノ内建長寺そば
交通●北鎌倉駅より徒歩6分

愛宕社（雪ノ下）

あたごしゃ

　雪ノ下に鎮座する火伏の神。愛宕社を火伏の神とする信仰は、京都の北西にある愛宕神社から始まった。京都・愛宕神社では火の神・迦具土神《かぐつちのかみ》を祭神としていたため、これが民間に広まった際に火伏の神として信仰されることとなった。古代から中世にかけて起こった神仏習合では神社を奥の院として寺を建て、そこに仏を祀って愛宕大権現と総称した。

　愛宕信仰は武家社会からも歓迎されたことから、この信仰が関東以北に伝播したのは、武家の台頭する中世から近世頃ではないかとも考えられている。

　雪ノ下にあるこの社もそうしたなかのひとつ。鎌倉では青梅聖天に愛宕の本地仏勝軍地蔵像があり、佐助ヶ谷の天狗堂山にも愛宕社があったという。

社殿

祭神 迦具土神《かぐつちのかみ》

例祭 七月二十三日

愛宕社は写真右の石段の奥に鎮座する

住所●鎌倉市雪ノ下2-2
交通●鎌倉駅東口より徒歩10分

志一稲荷（雪ノ下）

しいちいなり

雪ノ下の鷲谷に鎮座する稲荷杜で、地域の人々により管理されている。以前は初午に執り行われていたという例祭も、今では絶えて久しい（初午とは、二月の初の午の日。京都・伏見稲荷神社の神が降りたとされる日で、全国の稲荷社はこの日に例祭を行うほか、蚕や牛馬の祭日とする風習もある）。

志一とは『太平記』に名のある志一上人のことで、左道《さどう》（人間の欲望を肯定する背徳的な宗教儀式を行ったともされる）を使う僧侶であったという。志一が訴訟のため筑紫から鎌倉に上ったときのこと。狐を使って証拠の文を筑紫から鎌倉まで運ばせたところ、一夜のうちに荷は届けられたものの、狐は息絶えてしまった。

そのお陰で勝訴することのできた志一が、狐の命懸けの献身に感謝して霊を祀ったのが、この社の起源とされる。『鎌倉志』によれば鷲谷の山の上に志一上人の石塔があったとされるが、今はない。

社殿

祭神 倉稲魂神《うかのみたまのかみ》

鳥居

住所●鎌倉市雪ノ下2-3
交通●鎌倉駅東口より徒歩15分

青梅聖天《おうめしょうてん》（雪ノ下）

社殿

地域の人たちにより管理されている青梅聖天には、名前の由来ともなっている伝承がある。

病臥していた鎌倉将軍が青梅を所望したところ、季節ではないにも関わらず社の前に実がなっていたので、それを献じたらたちまち病が癒えたと『鎌倉志』は伝える。

青梅聖天の近く、鶴岡八幡宮の裏参道から西へ向かう道は巨福呂（小袋）坂といい、北条泰時が建長二年（一二五〇）に整備したとされる。江戸期には大勢の参拝者が利用したというが、江戸末期の改修工事では多くの人が命を落としたため、道中には供養塔も見られる。

社殿には聖天像と将軍地蔵が祀られており、境内には丸山稲荷という社がある。

扁額

祭神 聖天《しょうてん》、迦具土神《かぐつちのかみ》

例祭 七月十六日

住所●鎌倉市雪ノ下2-6
交通●鎌倉駅東口より徒歩15分

宇津宮稲荷《うつのみやいなり》（小町）

小町鎮座。現在では周辺の住民に守られた身近な信仰の対象だが、かつては宇津宮辻子幕府の御所内の社だったという。

宇津宮辻子とは若宮大路と小町小路をつなぐ小路のこと。初め大倉にあった幕府が宇津宮辻子に移されたのは、そこが鎌倉の中心であり、縁起のよい土地であったからとされる（幕府はそれまでに、建久二年〈一一九一〉、建保元年〈一二一三〉、同五年〈一二一七〉と大火に見舞われていた）。

宇津宮辻子に幕府が置かれたのは嘉禄元年（一二二五）。執権北条泰時は御所近くに屋敷を置き、嘉禎二年（一二三六）に幕府が若宮大路に移されるまでの間、この地で政務を執ったとされる。

宇津宮辻子幕府と若宮大路幕府については、後者は前者を改築し、呼び名が変わったものではないかともいわれている。宇津宮辻子幕府跡周辺からは、往時の名残を残す常滑焼や古瀬戸のかけらなどが多数出土している。

鳥居が並ぶ

祭神 倉稲魂神《うかのみたまのかみ》

例祭 二月十五日

小町の路地裏に鎮座する

住所●鎌倉市小町2-15
交通●鎌倉駅東口より徒歩4分

諏訪神社（御成町）

すわじんじゃ

社殿

北条義時、泰時、時頼ら歴代執権に仕えた御家人で、和賀江島の巡検使など幕府の重職を占めた人物に諏訪盛重がいる。弓の使い手で流鏑馬の射手を長年つとめたとされるが、その盛重が邸内守護神として祀っていたのが諏訪神社である。

周辺の人たちはもとは蛭子神社の氏子だったが、明治期の横須賀線の敷設で土地が分断されたことも遠因となり、昭和二十五年（一九五〇）頃から、諏訪神社を氏神として祀るようになった。

以前は御成小学校内にあったものが、後に鎌倉商工会議所の隣へと移築された。ここはかつて諏訪の森と呼ばれた緑豊かな場所で、今も名残の樹木が葉を風にそよがせている。

祭神 建御名方神《たけみなかたのかみ》

例祭 八月二日

住所●鎌倉市御成町17
交通●鎌倉駅西口より徒歩2分

秋葉大権現（材木座）

あきばだいごんげん

浄土宗大本山光明寺の火伏せの守護神であり、材木座や小坪の漁民にとっては水上交通安全の神。『光明寺代々年代略記』によると正徳四年（一七一四）秋葉山本宮より光明寺裏山に勧請したのが始まりとされる。

秋葉山本宮は遠州の秋葉神社（静岡県周智郡春野町）。この社は火除け・水除けの神として知られる。江戸時代には信者の集団・秋葉講中が各地に組織され、「代参」と呼ばれた代表者による本山参りが盛んに行なわれたという。

材木座をはじめ鎌倉でも秋葉講中は組織され、その活動は近年まで続いたという。

名物行事であった祭礼前夜のおかがり焚きは、遠くからは山全体が燃えているように見えたというが、明治三十年（一八九七）にとりやめになった。かつては光明寺境内に芝居小屋が立つほどにぎわったという祭礼も、現在では稚児行列と山上での読経だけが行なわれている。

社殿

祭神 火《ほ》之《の》迦具《かぐ》土《つち》之《の》大神《おおかみ》

例祭 七月十六日

鳥居

住所●鎌倉市材木座6-18
交通●鎌倉駅東口よりバス小坪経由逗子駅行光明寺下車徒歩10分

住吉神社（小坪）

すみよしじんじゃ

逗子市小坪飯島の氏神社。戦国時代、材木座を臨む光明寺裏から小坪にかけての丘陵地帯は三浦氏の山城（住吉城）で、この社も城の鎮守であった。

永正七年（一五一〇）、住吉城は上杉顕定の家老長尾為景が謀反を起こした際に、為景と結んだ北条早雲により築城された。その後三浦道寸が攻め落とし、弟の道華が守備していたが、永正九年（一五一二）に北条早雲が再びこれを奪還、城を追われた三浦氏は永正十三年（一五一六）に滅亡した。

周辺には合戦に使われたという「つぶて石」が今も残る。人の頭ほどの石は漬物石や土台、石垣の素材として使われたが、小坪の住人以外が使うと祟られるとの伝承もあった。

飯島の岬に、鎌倉時代の築港和賀江島の守護神と考えられる石祠の住吉社があるが、住吉神社との関わりは定かではない。

今も神輿があり、七月十六日の天王祭には祭典が行われる。

祭神 底筒男命《そこつつのおのみこと》、中筒男命《なかつつのおのみこと》、表筒男命《うわつつのおのみこと》

例祭 七月十六日

社殿

境内にある洞窟

住所●逗子市小坪5-12
交通●鎌倉駅東口よりバス小坪経由逗子駅行11分、飯島下車徒歩3分

＊おやしろ雑学帖⑦＊

鎌倉神楽（湯立神楽）

―湯で清め、占う神事―

一般に「鎌倉神楽」とは、湯立神楽を指す。湯立とは、神前で大釜に沸騰した湯を囲んで行なう神事のこと。湯をふりかけて身を清め、湯花や泡の立ち具合で神意を占うなどした。それが芸能と結びついたのが湯立神楽で、湯花が散るため「湯花神楽」ともいう。

鎌倉神楽（丸山稲荷社）

　鎌倉神楽は、鶴岡八幡宮に神楽男として仕えた「職掌」と呼ばれる社人の家系に代々伝わったもの。沸騰した湯を浴びるか、もしくは御幣をいただくと無病息災になると伝えられ、多くの人が参詣に訪れる。

　海岸の集落では「湖神楽」、三浦地方では「三浦神楽」とも呼ばれる。巡幸の三日目に行なわれる横浜市金沢区瀬戸神社では「三ツ目神楽」なども称される。神楽を獅子が演じる「湯立獅子舞」というのもあり、これは神奈川県内では箱根町仙石原諏訪神社、同町宮城野諏訪神社に伝わるのみである。

　古代の裁判では熱湯に手を潜らせて正邪を判定した。これを盟神探湯（くがたち）といい、湯立との関連が指摘されているが定かではない。

神社建築

神社建築の起源は古墳時代に遡る。奈良時代にはすでに神明造、大社造、大鳥造、住吉造などの形式が完成。仏教建築の影響を受けた平安時代以降はさらに発展し、今日に見られる形式が整った。

・神明造（伊勢神宮）

伊勢神宮正殿の形式（唯一神明造）は模倣してはならないとされるため、それに準じた特徴（屋根は直線の切妻で、頂上で交差する妻が千木を兼ねる等）をもつ社を総じてこう呼ぶ。

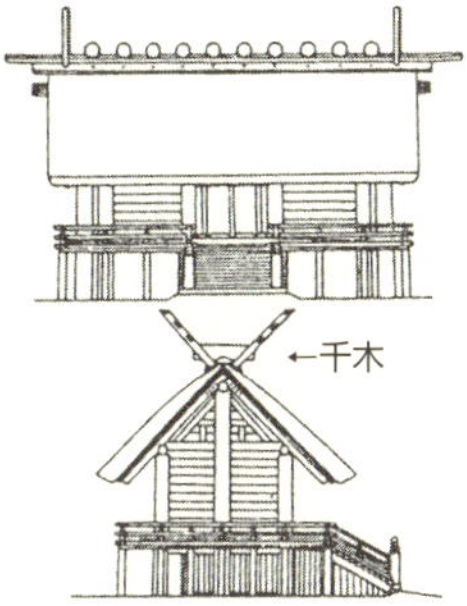

唯一神明造

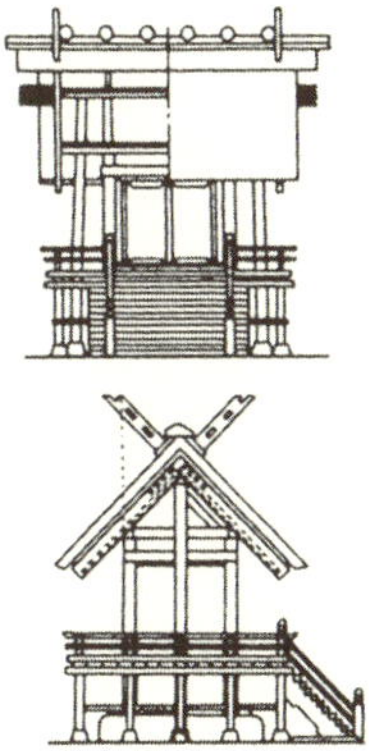

神明造

・大社造（出雲大社）

出雲地方に多い形式。古来の住宅から起こったとされる。反りのある切妻屋根で、正面右に妻入の扉口と階段が付く。神明造と違い、千木は載せ千木である。

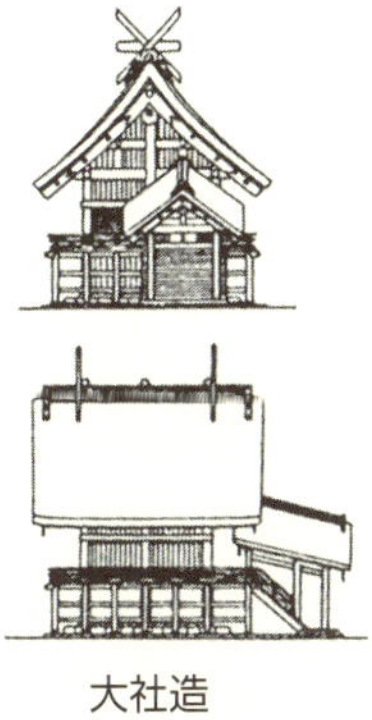

大社造

・大鳥造（大鳥神社）

大社造を左右均等にして、礼拝的形式を整えたもの。入口は正面中央にある。社殿の後面と側面は大社造と大差ないが、直線的な屋根はより古い形式である。

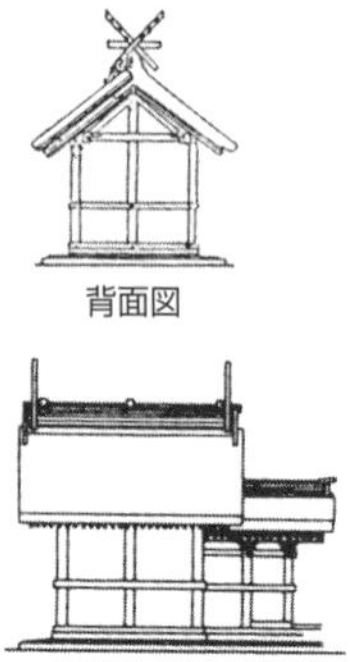

大鳥造

・住吉造（住吉大社）

大鳥造を前と後に伸ばし、床を高くしたもので、大阪住吉神社本殿のみに見られる形式。直線の多い構成は、大鳥造と同じく古式に倣ったものである。

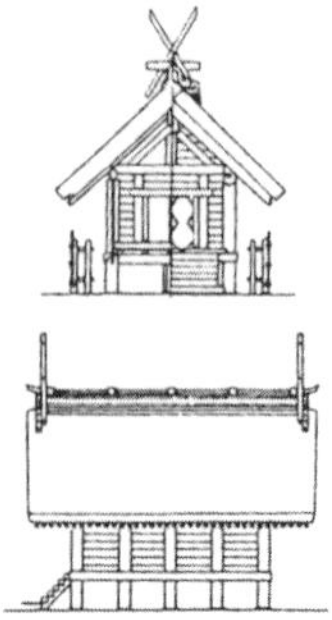

住吉造

・春日造（春日大社）

一間四方の切妻造で、母屋に向拝（ごはい。社殿の前に張り出した庇の部分。参拝者が礼拝するところ）がある。この形式を向造と呼ぶ場合もある。

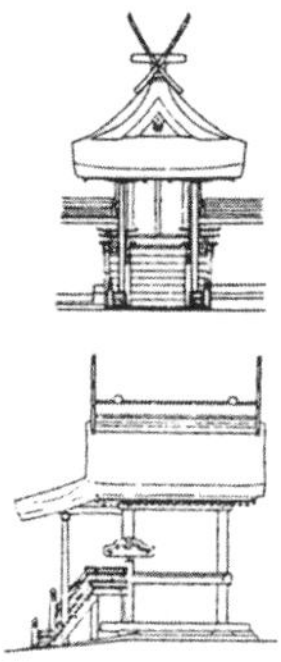

春日造

・流造（上下賀茂神社）

反りのある切妻屋根の前流れをそのまま長く伸ばし、向拝としたもの。ゆるやかに流れる曲線の美しさが特徴。現在の社殿の多くがこの形式である。

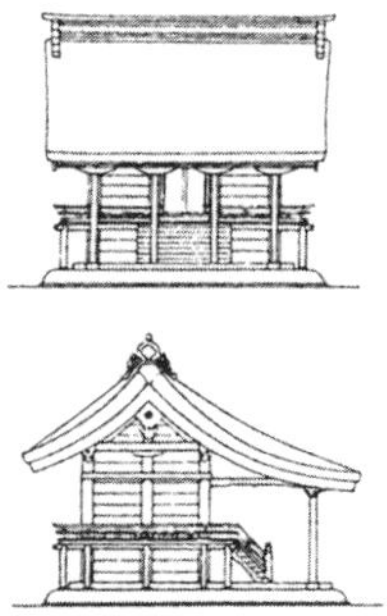

流造

・八幡造（宇佐神宮）

社殿の前に同規模の礼拝所を配し、その二つをつなげたもの。造合（二つの屋根の間にできる谷間）には雨樋を通してあり、ここに落ちた雨水は左右に流れ落ちる。

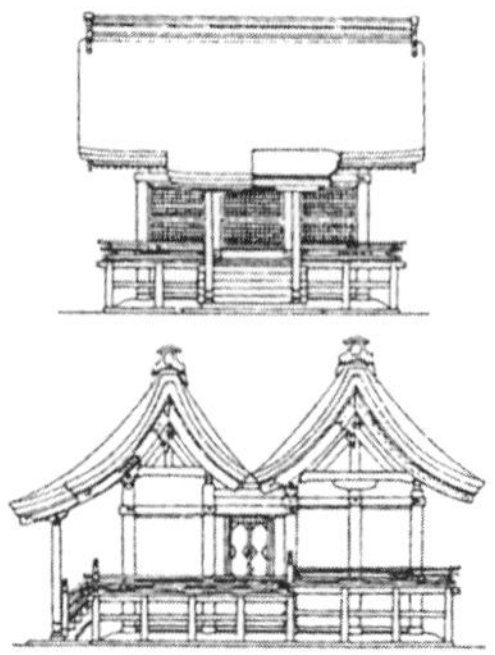

八幡造

・日吉造（日吉大社）

滋賀県日吉大社だけの形式。切妻造の前と左右に庇をつけたもの。聖帝造とも呼ばれる。左右に葺きおろした庇には縋破風《すがるはふ》（屋根の切妻にある合掌形の装飾板）がつく。

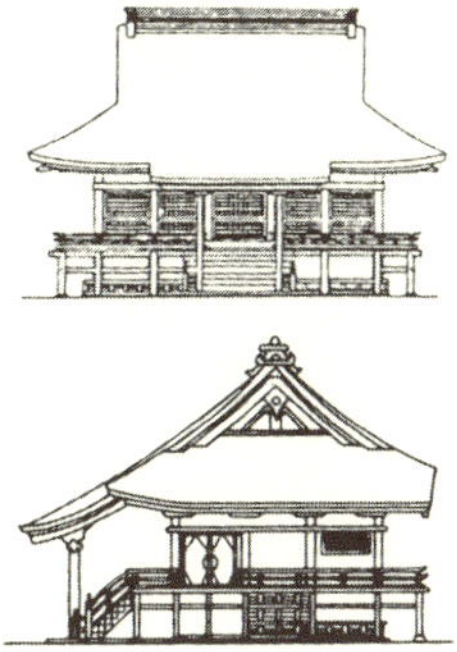

日吉造

・権現造（北野神社・日光東照宮）

本殿、中殿（幣殿）、拝殿を連結した社殿の総称。石の間造（中殿が土間状のもの）、合の間造（その土間に板を張ったもの）、八棟造なども含む。複合社殿ともいう。

権現造（石の間造）

・掛子造

正面五尺以内の小社に用いられる形式。末社や境内社、民間の邸内社などに多く見られる。散米社とも呼ぶが、理由は定かでない。

掛子造

他、**入母屋造**（京都八坂神社が典型。上方は切妻造のように一方へ勾配し、下方は寄棟造のように四方へ勾配する屋根を特徴とする）、**浅間造**（静岡県浅間神社のみに見られる、極めて特殊な浅間造形式。五間四面の寄棟造の下層に、三間二面の流れ造の本殿を重ねている）などがある。

※図版は『神奈川県神社誌』（神奈川県神社庁編・発行）より

資料編／用語解説

祭神一覧

味耜高彦根命（あじすきたかひこねのみこと）
天照大神（あまてらすおおかみ）、天照皇大神（あまてらすおおかみ）、天照大御神（あまてらすおおみかみ）
天宇順女神（あめのうづめのかみ）、天鈿女命（あめのうづめのみこと）
伊邪諾命、伊邪諾尊、伊邪那岐命、伊弉諾命（いざなぎのみこと）
伊邪那美命、伊弉冉命（いざなみのみこと）
市杵島姫命、市杵島比売命、市寸島（嶋）比売命、寸島比売命（いちきしまひめのみこと）
市杵比売命（いちきひめのみこと）
稲田比売命（いなだひめのみこと）
磐之媛命（いわのひめのみこと）
倉稲魂神、宇賀之御魂神（うかのみたまのかみ）、宇迦御魂命、倉稲魂命（うかのみたまのみこと）
保食神（うけもちのかみ）、受気母知命（うけもちのみこと）
表筒男命（うわつつのおのみこと）
応神天皇（おうじんてんのう）
太田神（おおたのかみ）
大塔宮護良親王（おおとうのみやもりながしんのう）
大地主神（おおとこぬしのかみ）
大己貴神（おおなむちのかみ）、大己貴命（おおなむちのみこと）
大宮姫神（おおみやひめのかみ）、大宮女命（おおみやひめのみこと）
大山祇神（おおやまつみのかみ）、大山祇命、大山津見命（おおやまつみのみこと）
奥津日子神（おきつひこのかみ）
奥津日女神（おきつひめのかみ）
迦具土神（かぐつちのかみ）
鎌倉権五郎景政（かまくらごんごろうかげまさ）
桓武天皇（かんむてんのう）
菊理姫之命、菊理姫命（くくりひめのみこと）
葛原親王（くずはらしんのう）
事解男神（ことさかのおのかみ）
事代主神（ことしろぬしのかみ）、事代主命（ことしろぬしのみこと）
後鳥羽天皇（ごとばてんのう）
木花咲耶姫命（このはなさくやひめのみこと）
駒形大神（こまがたのおおかみ）
子守大神（こもりのおおかみ）
佐竹氏の御霊（さたけしのみたま）

猿田彦命、佐田彦命（さるたひこのみこと）
塩土老翁神（しおつちのおじのかみ）
順徳天皇（じゅんとくてんのう）
聖天（しょうてん）
神功皇后（じんぐうこうごう）
菅原道真（すがわらのみちざね）
須佐之男命、須佐男命、須佐男尊、素盞嗚命、素盞嗚尊（すさのおのみこと）
崇徳院御霊（すとくいんのみたま）
底筒男命（そこつつのおのみこと）
高望王（たかもちおう）
田寸津比売命、多岐都比売命（たぎつひめのみこと）
多紀理毘売命（たぎりびめのみこと）
武内宿禰（たけうちのすくね）
建速須佐之男命（たけはやすさのおのみこと）
武甕槌神（たけみかづちのかみ）
建御名方神（たけみなかたのかみ）、建御名方命（たけみなかたのみこと）
橘姫命（たちばなひめのみこと）
玉依姫命（たまよりひめのみこと）
土御門天皇（つちみかどてんのう）
徳川家康（とくがわいえやす）
歳徳神（としがみ）
豊宇気毘売命（とようけびめのみこと）

中筒男命（なかつつのおのみこと）
仲媛命（なかのひめのみこと）
仁徳天皇（にんとくてんのう）
八王子命（はちおうじのみこと）
速玉男神（はやたまのおのかみ）、速玉男命、速玉之男命（はやたまのおのみこと）
日野俊基（ひのとしもと）
比売神（ひめがみ）
蛭子之命（ひるこのみこと）
経津主神（ふつぬしのかみ）
弁財天（べんざいてん）
火之迦具土神（ほのかぐつちのかみ）、火之迦具土之大神（ほのかぐつちのおおかみ）
火産霊神（ほむすびのかみ）
水波売神（みずはのめのかみ）
南御方（みなみのみかた）
源実朝（みなもとのさねとも）
源頼朝（みなもとのよりとも）
村上義光（むらかみよしてる）
八雲大神（やくものおおかみ）
日本尊命、日本武尊、日本武命（やまとたけるのみこと）
履仲天皇（りちゅうてんのう）
綿津見神（わたつみのかみ）
龍宮大神（わだつみのみやおおかみ）

人名

足利成氏（一四三八〈三四〉～九七）　父・持氏の跡を継ぎ鎌倉公方となる。関東管領上杉憲忠を殺して幕府の追討を受け、下総古河に移って古河公方と呼ばれた。

足利尊氏（一三〇五～五八）　初名は高氏とも。室町幕府初代将軍。後醍醐天皇とともに鎌倉幕府を倒した。

足利直義（一三〇六～五二）　尊氏の弟。室町幕府では尊氏を補佐したが、後、不和となり、鎌倉で毒殺された。

足利持氏（一三九八～一四三九）　室町時代の武将。鎌倉公方を継ぎ、鎌倉府の権力強化を図って幕府と対立。永享の乱で幕府軍に敗れて自刃した。

安達盛長（一一三五～一二〇〇）　平安～鎌倉時代の武将。源頼朝の乳母の娘婿。頼朝の死後出家するが、頼家の重臣となる。

安倍晴明（九二一～一〇〇五）　平安時代中期の陰陽師。土御門家の祖。重職を歴任し、占いの名手としても知られた。

上杉顕定（一四五四～一五一〇）　室町～戦国時代の武将。関東管領として古河公方、足利成氏と戦う。弟・房能が長尾為景に殺されたため越後に出兵するが敗死。

上杉憲房（?～一三三六）　鎌倉～南北朝時代の武将。建武政権の雑訴決断所奉行。京都四条河原で北畠顕家、新田義貞と戦い討ち死にした。

応神天皇　第十五代天皇。父・仲哀天皇の死後生まれ胎中天皇とも呼ばれた。『宋書』倭国伝の倭王讃《さん》とする説もある。

大庭景親（?～一一八〇）　平安時代後期の武将。保元の乱で源義朝に味方するが、のち平氏に属し、石橋山で頼朝を破る。巻き返した頼朝に降伏するが殺された。

梶原景時（?～一二〇〇）　平安～鎌倉時代の武将。源頼朝の信任が厚く要職に就くが、結城朝光を讒言して弾劾にあい失脚。

鎌倉権五郎景政（正）　生没年不詳。平安時代後期の武人。相模で高座郡大庭郷の所領を開発した。

桓武天皇（七三七～八〇六）　第五十代天皇。長岡、平安と都を移し、坂上田村麻呂に東夷征伐を命じるなど、律令国家の成立に力を注いだ。

欽明天皇　第二十九代天皇。継体天皇の皇子。治世中、崇仏の是非をめぐり蘇我・物部両氏の対立があった。

空海（七七四～八三五）　平安時代前期の僧。真言宗の開祖。唐に渡り真言密教の秘法を受ける。帰国後、高野山に金剛峰寺を開き、京都に教王護国寺を勅賜された。

楠木正成（?～一三三六）　鎌倉～南北朝時代の武将。後醍醐天皇の呼びかけで挙兵、赤坂城・千早城の戦いなどで活躍するが、足利尊氏に敗れ、自刃した。

後醍醐天皇（一二八八～一三三九）　第九十六代天皇。天皇親政を復活した（建武中興）が足利尊氏と対立し、南朝を樹立。

後鳥羽天皇（一一八〇～一二三九）　第八十二代天皇。院政をとり、源通親と朝権回復を志して西面武士を設置。承久の変で兵を徴したが失敗し隠岐に流された。

坂上田村麻呂（七五八～八一一）　奈良～平安時代の武人。征夷副使として蝦夷を討ち、征夷大将軍となる。その一生は模範的武将として武士を中心に尊崇された。

佐々木盛綱（一一五一～?）　平安～鎌倉

時代の武将。源頼朝の挙兵に参加し武勲をあげ、伊予・越後の守護となる。

順徳天皇（一一九七～一二四二）　第八十四代天皇。後鳥羽天皇の皇子。父とともに承久の変を起こしたが敗れ、佐渡に流された。

推古天皇（五五四～六二八）　第三十三代天皇。わが国初の女帝で、仏教の普及を図り『天皇記』『国記』を編纂させた。

崇徳天皇（一一一九～六四）　第七十五代天皇。父の譲位で五歳で即位するが、院政をしく鳥羽法皇の意向で近衛天皇に譲位させられた後、保元の乱で讃岐に流された。

諏訪盛重　生没年不詳。鎌倉時代の武将。承久の変後、得宗被官として、泰時、経時、時頼ら三代の北条氏に仕えた。

相馬師常（一一三九～一二〇五）　平安～鎌倉時代の武将。父・千葉常胤とともに源頼朝の挙兵に加わり下総の所領を回復、藤原氏攻めの武勲で陸奥行方郡を得た。

泰澄（六八二～七六七）　奈良時代の修験者。加賀白山の開創者とされる。元正天皇の病を治し、疱瘡の流行も鎮めたとされる。

平直方　平安時代中期の武人。検非違使、追討使として平忠常の乱の平定に向かうが失敗、更迭された。子孫は北条を名乗ったとされる。

平良文　平安時代中期の武人。平高望の子。平将門の叔父。『今昔物語集』に源宛《あつる》と戦い引き分けた説話がある。

高望王　生没年不詳。平安時代前～中期の武人、平高望のこと。平姓を与えられ臣籍に下り、後に上総介として関東に土着した。

千葉常胤（一一一八～一二〇一）　下総国の豪族。石橋山の戦いで敗れた源頼朝を助けた。御家人の筆頭格として重用された。

土御門天皇（一一九五～一二三一）　第八十三代天皇。父・後鳥羽天皇が承久の変に敗れたため、自ら土佐、阿波に流された。

徳川家斉（一七七三～一八四一）　江戸幕府第十一代将軍。松平定信を老中首座に置き寛政の改革を断行、親政を行った。

徳川家康（一五四二～一六一六）　江戸幕府初代将軍。豊臣秀吉の天下統一を助けるが、秀吉の死後、関ヶ原の戦いで勝利して征夷大将軍となり、江戸幕府を開いた。

徳川綱吉（一六四六～一七〇九）　江戸幕府五代将軍。文治政治を推進する一方で護持院、護国寺の建立で財政を逼迫させた。生類憐れみの令から犬公方と呼ばれた。

徳川斉昭（一八〇〇～六〇）　江戸時代後期の水戸藩主。天保の改革を行うが、後に井伊直弼と対立。安政の大獄では蟄居を命じられた。

徳川秀忠（一五七九～一六三二）　江戸幕府二代将軍。徳川家康の三男。家康の死後、大名の改易、キリシタン禁令、貿易の管理統制など幕府の足固めをした。

徳川光圀（一六二八～一七〇〇）　水戸藩主、水戸光圀。勧農政策を推進、『大日本史』の編纂に着手した。水戸黄門の名で知られる。

豊臣秀吉（一五三七～九八）　織豊時代の武将。初め織田信長の足軽であったが武勲をあげ、天正十八年（一五九〇）徳川家康を従わせて全国を統一した。

長尾為景（？～一五四二）　戦国時代の武将。上杉謙信の父。上杉房能とその兄・顕定を滅ぼして一国を支配した。

二階堂行光（一一六四～一二一九）　鎌倉時代の武将。二階堂行正の子、二階堂行村の弟。鎌倉幕府の政所執事を務め、源実朝とは歌のやりとりがあったという。

新田義貞（一三〇一～三八） 鎌倉～南北朝時代の武将。鎌倉幕府を滅ぼし、建武の新政で重用される。南朝の中心的存在だったが、藤島の戦いで討ち死にした。

忍性上人（一二一七～一三〇三） 真言律宗の僧。極楽寺はじめ多くの寺を開いた。道路や救貧救病所の修造など社会事業に尽力。

仁徳天皇 第十六代天皇。父は応神天皇。『日本書紀』によれば、人家から煙が上がらないのを見て一時課税をやめ、困窮を救ったとされる。

畠山重保（～一二〇五） 鎌倉時代の武将。北条時政らの陰謀により、由比ガ浜で三浦義村の家臣佐久間家盛に討たれた。

林羅山（一五八三～一六五七） 江戸時代前期の儒者。徳川家康以後四代の侍講を務める。『寛永諸家系図伝』を編纂し、上野忍岡に昌平黌の前身となる私塾を建てた。

日野俊基（?～一三三二） 鎌倉時代の公家。正中の変、元弘の乱と二度の倒幕計画に参加。一度は赦免されるが、二度目は鎌倉に送られ葛原ヶ岡で処刑された。

藤原時平（八七一～九〇九） 平安時代の公卿。右大臣菅原道真を左遷して政権を確保するが三十九歳で死亡。その死は道真の祟りといわれた。

北条氏直（一五六二～九一） 織豊時代の武将。徳川家康の娘督姫と結婚。豊臣秀吉の小田原攻めに降伏、高野山に追放される。

北条氏康（一五一五～七一） 戦国時代の武将。後北条氏の最盛期を築いた。上杉謙信に対抗、検地の実施など領国経営に尽力。

北条貞顕（一二七八～一三三三） 鎌倉時代の武将。金沢貞顕ともいう。重職を歴任、第十五代執権となるが、前執権の弟・北条泰家の反対を恐れ十日で辞任した。

北条早雲（一四三二～一五一九） 室町～戦国時代の武将。伊豆、小田原を攻め落とし永正十三年（一五一六）相模を平定。後北条氏の関東制覇の基礎を築いた。

北条時政（一一三八～一二一五） 平安～鎌倉時代の武将。北条政子の父。源頼朝を助けて幕府創設に貢献。頼朝の死後、二代目頼家を廃し、実朝を擁立して実権を握る。

北条時宗（一二五一～八四） 鎌倉幕府八代執権。文永・弘安の元寇を撃退。禅宗に帰依し、円覚寺を創建。宋より無学祖元を招いた。

北条時行（?～一三五三） 南北朝時代の武将。鎌倉幕府滅亡後、数回にわたり鎌倉奪還を試みるも失敗。最後は足利尊氏に捕えられ、処刑された。

北条時頼（一二二七～六三） 鎌倉幕府五代執権。三浦一族を滅亡に追いやり執権北条氏の権力を堅固なものとした。禅を信仰。宋より蘭渓道隆を招き、建長寺を建立。

北条政子（一一五七～一二二五） 源頼朝の妻。夫の死後出家。頼家、実朝の後見として政務を担い、尼将軍といわれた。

北条泰時（一一八三～一二四二） 鎌倉幕府三代執権。承久の変で京都に攻め上り、初代六波羅探題北方に。後、執権となり、御成敗式目を制定して執権政治を確立。

北条義時（一一六三～一二二四） 鎌倉幕府二代執権。北条時政次男。姉の政子とともに幕府を安定させ、執権政治の土台を固めた。

松下禅尼 生没年不詳。安達景盛の娘、北条時氏の妻。北条経時、時頼、為時、時定の母。夫・時氏の死後、出家した。

三浦道寸（?～一五一六） 三浦義同の法名。相模新井城主三浦時高の養子。時高に

実子ができたため不和となり、これを滅ぼし三浦氏を継ぐが北条早雲の侵攻を受け滅亡。

源実朝（一一九二～一二一九） 鎌倉幕府三代将軍。右大臣となったが公暁に殺された。藤原定家に師事。歌集に『金槐和歌集』。

源義家（一〇三九～一一〇六） 平安時代後期の武将。通称八幡太郎。前九年・後三年の役で活躍。東国の源氏勢力の基盤を形成した。

源義経（一一五九～八九） 平安～鎌倉時代の武将。兄頼朝と平氏を討つが、後白河法皇の画策で対立。逃れた平泉で藤原泰衡に急襲され自害。

源義光（一〇四五～一一二七） 平安時代後期の武将、通称新羅三郎。後三年の役では官を辞し、兄義家の救援に向かった。

源頼家（一一八二～一二〇四） 鎌倉幕府二代将軍。家督を継ぐが実権は宿老に握られ、大病の後、出家を強いられ修善寺で暗殺。

源頼朝（一一四七～九九） 鎌倉幕府初代将軍。平氏打倒の兵を挙げ、一度は敗走するが勢力を拡大して東国を支配。後に征夷大将軍となり武家政権を確立。

源頼義（九八八～一〇七五） 平安時代中期の武人。源頼信の長男。安倍頼時の乱に陸奥守として参加、東国に源氏の基盤を築いた。

夢窓疎石（一二七五～一三五一） 南北朝時代の禅僧。京都・天竜寺開山。足利尊氏らに篤信された。著書に『夢中問答集』等。

明治天皇（一八五二～一九一二） 第一二二代天皇。王政復古の大号令を出し、五ヵ条の誓文を宣布。江戸を東京と改め遷都、その治世下に中央集権国家を確立した。

護良親王（一三〇八～三五） 後醍醐天皇の皇子。倒幕を謀り征夷大将軍にも任命されたが足利直義の家臣に殺された。

履仲天皇 第十七代天皇。父は仁徳天皇、母は磐之姫命。『日本書紀』には、「初めて諸国に国史を置き、国内情勢を報告させた」とある。

和田義盛（一一四七～一二一三） 平安～鎌倉時代の武将。北条氏排斥計画に参加した子と甥に対する処罰に憤り、一族で兵を挙げるが敗死。

その他

合祀 一神社の祭神を他の神社に合わせ祀ること。また、ある神社にさらに新しい祭神を加え祀ること。

御神体 礼拝の対象となる、神霊の籠る神聖なもの。古くから鏡、剣、玉、鉾などを用いてきた。神像の場合もある。

五輪塔 五輪卒塔婆。五つの部分からなる塔。平安時代中頃から供養塔、墓塔として用いられた。

祭神 その社に祀られている神のこと。

四天王 東西南北四方を守護する神で、東を守る持国天、南を守る増長天、西を守る広目天、北を守る多聞天の四神を指す。

摂社・末社 神社に附属する社。その神社の祭神に密接に関わりのある神を祀るのが摂社、摂社に次ぐものを末社という。

山車 祭礼の時、様々な飾りをして引き出す車、屋台のこと。ダシとは出しの意ともいわれ、神の拠り代となる飾りに由来するという。

鎌倉の神社　小事典
平成一四年　六月二九日　第一刷発行
平成二八年　五月二六日　第五刷発行
監修者　吉田茂穂
発行者　伊藤玄二郎
発行所　㈱かまくら春秋社
鎌倉市小町二－一四－七
電話　〇四六七－二五－二八六四
印刷所　㈱ケイアール

ISBN978-4-7740-0205-7 C0014

かまくら春秋社

鎌倉の寺 小事典

鎌倉にたたずむ114カ寺の縁起、本尊、寺宝から、知られざるトピックまで紹介。用語解説、エリア別の地図も収録。寺とみほとけを通じて、古都鎌倉に育まれた精神文化を概観する一冊。重版出来！

本体952円

ISBN4-7740-0173-2 C0015

かまくら春秋社

永井路子の

私のかまくら道

改訂版

古刹、切通し、そして海──。東から西へ、南から北へ、自然を謳い歴史をひもときながら、著者は中世の都を精力的に歩く。鎌倉散策のよき伴侶として愛され続けるロングセラー、待望の改訂版。

本体850円
ISBN4-7740-0164-3　C0095